# TEXT+KRITIK

Heft 107
ECKHARD HENSCHEID
Juli 1990

INHALT

*ECKHARD HENSCHEID*

»Die Unverblühten«. Roman.
1. Teil, 1. Kapitel. Die Unentwegten     3

*BRIGITTE KRONAUER*

Tabernakel des Zentralgeheimnisses.
Zu Eckhard Henscheids Roman »Die Mätresse des Bischofs«     9

*MICHAEL BRUCKER*

Nichts ist so phantastisch und sinnlos wie die Liebe.
Anmerkungen zum Romantischen in Eckhard Henscheids
Roman »Dolce Madonna Bionda«     17

*KLAUS MODICK*

Kirchlein und Kätzchen.
Anmerkungen zur Idylle »Maria Schnee« – nebst einigen
Begründungen, warum in Eckhard Henscheids Prosa
»mitnichten alles Unsinn« ist     25

*FRAUKE MEYER-GOSAU*

Cola und Kätzchen.
Zu Eckhard Henscheids postmodernem Romantizismus     32

*MICHAEL MAAR*

Über einige Motive bei Eckhard Henscheid     39

*HERMANN PETER PIWITT*

Musik auf allen Wegen     46

*RALPH GÄTKE*

Komisch wie Franz Kafka.
Zu Henscheids Kafka-Geschichten »Roßmann, Roßmann...«
und darüber hinaus   50

*MANFRED DIERKS*

Henscheid im Ohr.
Die Neigung der Satire zum Lautgedicht   59

*WALTER OLMA*

Das »Fußballerische des Lebens«.
Einige präliminierende Bemerkungen zu einem
unerschöpflichen Thema   66

*BERND EILERT*

Wahrheit und Dichtung.
Eine Korrektur gewisser Mißverständnisse   72

*JÜRGEN WEHNERT*

Hat Henscheid Humor?
Auf den Spuren einer Nullmenge   78

*DIETER E. ZIMMER*

Nicht Wildschweinschinken, nur Wiener Würstchen   84

*MICHAEL MATTHIAS SCHARDT*

Auswahlbibliographie zu Eckhard Henscheid   87

Notizen   94

*Einleitung / 1. Kapitel: Abgesehen davon, daß es zwei Dostojewski-Romaneröffnungen und den eigenen Roman »Die Vollidioten« von 1973 zitiert, hat dies Eröffnungskapitel vor allem die Funktionen: Themenzentren des Romans zu bündeln und freilich reichlich ungenau-verworren anzuschlagen; den durchgehenden und wesentlich befremdlich-altfränkelnden – der Roman ›spielt‹ ca. 1988 – Erzählertonfall vorzustellen; und nicht zuletzt den Chronisten-Erzähler selber: in nuce seinen nicht ganz einwandfreien Charakter, seine ziemlich schäbige Vorgeschichte und seine recht unklare beruflich-soziale Position.*

Eckhard Henscheid

# Die Unverblühten

Roman
1. Teil, 1. Kapitel
Die Unentwegten

1

Indem ich mit der Niederschrift der folgenden romanhaften Chronik aus unserer Stadt F. beginne, befinde ich mich nicht nur in einer gewissen und ernsthaften Verlegenheit dergestalt, daß Romane meiner Überzeugung nach gemeinhin ohnehin nur noch abgefaßt werden, um später fürs Fernsehen verbraten Stoff für allerlei mediokre Spielfilme herzugeben, dicke Romane dann eben verhackstückt zu noch funesteren Fortsetzungsserien; daß aber mein Roman, so wie er mir nach den Maßgaben und Erfordernissen seiner eigentlichen gesellschaftlichen Wahrheit vorschwebt, sich überhaupt nicht fürs Fernsehen oder gar für den Videobetrieb eignet; so daß ich hier also schon mal vorab mein privatrechtliches Veto hinsichtlich solcher Sekundärverwertung auch weit über meinen Tod hinaus einlegen möchte, ähnlich wie Richard Wagner (allerdings nutzlos) Aufführungen seines ›Parsifal‹ außerhalb Bayreuths untersagt hat. Doch nein, meine noch größere Verlegenheit gründet, legt man die obige Kardinalfrage mal vorerst beiseite, vor allem und vielmehr darin, daß ich, der Chronist, selber, kaum hat sich der Wirbelsturm ein wenig gelegt, welcher die letzten Wochen und Monate über einige gesellschaftliche Kreise unserer Stadt hinwegfegte und wütete und vieles mit sich riß und welcher in gewissem Sinne durchaus Gegenstand meiner vollständig realistischen Chronik ist, – meine Verlegenheit gründet darin, daß ich selber das eigentliche Zentrum eben dieses Wirbelsturms und wütenden Tornados kaum mehr – oder: noch immer nicht? – zu sehen und zu erkennen in der Lage bin; wenn ich mal ganz aufrichtig sein soll.

Um im übrigen Ihrer, der Leser, Frage, warum ich dann um Himmelswillen schreibe und mich zum Autor aufschwinge, wenn ich von meinen einschlägigen Talenten so wenig überzeugt sei, hier schon mal zuvorzukommen, ja sie im gleichen Atemzug zu parieren und zu widerlegen: Zum ersten behaupte ich, daß kein Romanautor der Weltgeschichte je so ganz genau wußte, wo, in welchem Brennpunkt genau alle diese kniffligen Kraftlinien in der Wirklichkeit wie eben dann im Buche zusammenlaufen. Zweitens schien in meinem – unserem – Falle auch lange Zeit alles so weit ganz klar und einleuchtend (wenn auch schon unübersichtlich genug), solange es sich im Kern nur um einen psychisch-materialistischen Kampf zwischen den beiden Häusern ›Kobra‹ und ›Annabel‹ einerseits, zwischen der sogenannten »Viererbande« und sozusagen dem Rest der Welt andererseits gedreht hatte.

Gewiß, auch diese vielfachen und wechselseitig eskalierenden und ineinandergreifenden Machtkämpfe wären für sich genommen schon schwierig genug darzustellen und seelisch aufzubereiten. Gleichwohl hätte ich dieses Amt kaum gescheut. Allein, mit der zusätzlichen Geburtsstunde und dem dann raschen Hochkommen des hiesigen Opern-Fortbildungsclubs e.V. sowie mit dem sturzhaften Eindringen Karl Steys in die – in fast alle! – Ecken und Hauptschlünde der bereits ohnehin sich zuspitzenden Handlung wurde es ja immer noch schwieriger und heikler, das Kraftfeld, das Kräfteparallelogramm sachlich und gerecht auszuloten und zu bewerten – und erst recht das gleich drauf folgende Auftauchen Stebelkoffs, eines russischen Emigranten, der gleichsam im unerwünschten Gefolge von Karl Stey die Szene, ja man könnte sagen: die Oberfläche betrat (davon später), wurde alles noch wilder und verfahrener; und als es dann gar im indirekten Gefolge wiederum Stebelkoffs endlich in der »Villa Lilly« zu jenem berüchtigten »Panslawischen Fest«, oder auch genannt »Ostblock-Versöhnungssoiree«, kam, einem Menschenauflauf, von dem heute noch Teile unserer Stadt zum Teil hinter vorgehaltener Hand munkeln und raunen und von dem auch Fotostöße, ja Fotoberge erhalten sind und zeitweise kursierten, – ja, da war es schon fast ganz aus und, alles in allem genommen, konnte da kein Gott und erst recht kein Mensch mehr die Übersicht wahren und zuweilen geriet da alles außer Rand und Band. Wobei dieses riesige Fest ja auch in indirekter oder vielmehr direkter »Konkurrenz« zu jener sich mit ihm zeitlich überlappenden und inhaltlich verschachtelnden Hochzeitsfeier angelegt war, der Hochzeit nämlich des (selbsternannten!) Opernclub-Chefs mit einer leidlich bekannten Bayreuther Wagner-Sängerin, eine Hochzeit, bei der im übrigen auch u.a. Wolfgang Wagner, Hermann Prey und sogar die Schriftstellerin Patricia Highsmith, freilich auch das Oberhaupt bzw. der Senior bzw. Nestor des Schweizer Nestlékonzerns durch ihr Erscheinen glänzen und brillieren sollten, Teufel! Ich selber war übrigens auch zum Teil oder jedenfalls recht unklar eingeladen – aber wenn ich dann noch die gewissermaßen dagegen, gegen diesen gesellschaftlichen Glanzcoup, wiederum eingeschobene Affaire um das vielberedete Sommerseminar über die Günderode bedenke, ein Seminar, das, wie es damals hieß, ja »nur das Beste vom Besten« versammeln und deshalb ursprünglich sogar im Schwarzwald stattfinden sollte, daneben auch die fast gleichzeitige (aber das mag Zufall sein) lautstarke Sezession

## »Die Unverblühten«

von ›Annabell‹ in die Einzelunternehmen ›Anna‹ und ›Bella‹ sowie schließlich und nicht zu vergessen meine eigene, die ganze Zeit über vollkommen ungesicherte und preisgegebene fortkommensmäßige Situation: Dann, ja dann erhält der interessierte Leser vielleicht fürs erste schon einen ungefähren Begriff nicht nur von dem, was damals hier »los war«; sondern auch wohl die Prise oder vielmehr Brise einer Ahnung von meinen jetzigen Schwierigkeiten als Chronist und Geschehnis-Ordner; von dem mich ja auch all die spannungsvollen Tage über zusätzlich belästigenden ewigen Altherren-Lamento und Gegreine meines Freundes Karl Stey gar nicht zu reden – und das, obwohl gerade Stey gerade in diesem letzten halben Jahr letztendlich immer sehr obenauf war bzw., wie er es selber ausdrückte, bei allem Greinen und Winseln voll Dankbarkeit »letzte Lebensglut« trank, ja später sogar ein »Morgenrot« für sich noch sah.

Vieles war pures Geschwätz und Gerücht, manches große Böswilligkeit, vieles kam aber auch zusammen an realer und tatsächlich existentieller Spannung. Spannung eben vor allem rund um den Generator und Motor der früh schon sogenannten »Viererbande«, die sich seinerzeit, vereinfacht gesagt, noch mehr als vordem nicht nur anschickte, ihren alten Einfluß überall und zu jeder Zeit zu forcieren und zu mehren – sondern letzten Endes, so mein heutiger und schon damaliger Eindruck, ging es diesen Menschen darum, wirklich alles und jedes zu kontrollieren und messerscharf zu überwachen. Vor allem die beiden Frauen dieser »Viererbande«, die Männer etwas weniger. Soweit man freilich bei derartigen Machtmenschen überhaupt noch von »Frauen« sprechen kann. Pfui Teufel!

Und doch: War nicht doch am Ende die Sache Rita Schumm die eigentliche und noch beherrschendere? Das verwirrende, kapriziöse Planspiel Rita Schumms, gleichsam einer »Einzelgängerin«? Sollte, soll ich nicht vielmehr ihre Affaire, ihre heimlichen und zuweilen auch heimtückischen Affairen und Finten ins Zentrum meines prismatisch funkelnden Werks rücken und heben? Sie und die dahinter stehende »Psychologie« so zentral behandeln und entblättern, wie sie sich später ja realiter herauskristallisierten und vielleicht zumindest »philosophisch« den Kernschwerpunkt meiner Romanchronik formieren? Nun, es schlägt kaum in mein Fach, zu beurteilen, ob Rita Schumm unterm Strich ein besonders böser oder nur ein heutzutage durchschnittlicher und repräsentativer und alltäglicher Frauencharakter ist, nein, auf dieses heikle Glatteis begebe ich mich weißgott nicht – aber meiner Ansicht war womöglich doch die damals vielbetuschelte »Beschaffung des vorrevolutionären russischen Wintermantels« (wahrscheinlich eine diskrete Anspielung auf Stebelkoff und die russische Emigrantenfrage?) der wahre Atomkern und der Angelpunkt des ganzen damaligen »Mehrfrontentreibens« (Karl Stey), das, bei der Gelegenheit schon mal zu sagen, zuweilen in ein ganz mächtiges Affentheater ausartete; zumal, als es dann auch noch keineswegs bei ›Kobra‹, sondern eben bei ›Annabell‹ zum Engagement der britischen »Rocklady« Geraldine Black kam und zur geplanten Verwertung ihrer Gefängnistagebücher – wobei (und das hätte nun wirklich niemand

voraussehen können, das hätte niemand gedacht!) sich diese Geraldine Black auch noch zu allem Überfluß in den bekannten früheren Flugzeugentführer Keppel »verliebte« und angeblich auch umgekehrt... bzw. als auf der anderen Seite zum Beispiel auch noch gleichsam als Erblast der ›Kobra‹-Gründer allerlei schweinische Rotznasen und andere hergelaufene Radaubrüder sich unter dem Vorwand »künstlerischer Mitarbeit« (!) in den hinteren (»geheimen«) ›Kobra‹-Kammern einquartierten, übelstes Gesindel der niedrigsten Art, zum Teil auf der Flucht vor den Spürhunden der Bundeswehr, zum Teil wohl auch aus schierem Mutwillen, um dort ihre Ausdünstungen zu hinterlassen, Miasmen wahrhaft der allerärgsten Art –
– ja, weiß Gott, wie das noch alles ausgegangen wäre oder vielmehr ausgeht – wobei das Pikante, die größte Schweinerei ja wohl die war, wie unerträglich herablassend ausgerechnet die angeblich politisch »aufgeklärte« und »liberale« und »fortschrittliche« zu Recht so genannte »Viererbande« damals nicht nur den »Sozialfall« Karl Stey behandelte, sondern – auch mich, den Wohltäter Steys. Mich, der ich nämlich tatsächlich und zugegebenermaßen nur durch ein doppeltes Mißverständnis bei ›Kobra‹ überhaupt Anstellung gefunden hatte, als schäbiger Volontär, und noch darum mußte ich froh sein! Und dabei hat dieser ›Kobra‹-Besitzer heute mindestens 850 000 Mark Schulden – und hatte damals schon eine halbe Million! Und ich – keine Ahnung, keinen Schimmer! Oh, ich erinnere mich noch genau! Wie erledigt, wie desperat, wie ausgeknockt an jenem schönen Frühlingsvormittag ich auf der Brunneneinfassung in unserer Fußgängerzone hockte und meine, so schien es, vollkommen hoffnungslose Lage bedachte – vom lieblichen Morgenwind schmachtend umfächelt, in einer restlos verzwickten Gemütsverfassung, erbittert über mich selbst und mein vermaledeites Gottvertrauen bei gleichzeitiger Menschenunkenntnis, und dabei immer diese häßlichen neumodischen Brunnenskulpturen hinter mir! Wie ich da zitterte und bangte – ich, der einstige politische Häuptling und Aktionsleiter und Projektbetreiber, der heute 39 Jahre alte ehemalige Chef der Roten Garde Heppenheim, wie er in den glanzvollen 1968er und ff. Jahren nicht nur den Wormser Raum das Fürchten gelehrt hatte, ich, den sie, wegen meiner feuerroten und jetzt schon leicht angegrauten Haare, in Anlehnung an meinen noch berühmteren hauptstädtischen Genossen schaudernd »das rote Fritzchen« genannt hatten, einen seinerzeitigen Jüngling und wahren Feuerkopf voll der besten Pläne und der lautersten stalinistischen Kampfmoral! Und den sie – die ›Kobra‹-Leute – jetzt wie ein albernes Kind behandelt hatten, erniedrigt, beleidigt, ja entwürdigt – entwürdigt durch eine Berufung und Einstellung, die in Wahrheit – gar keine war! Oh, oh, oh! Mich, der auch heute, nach seiner – und das war nun wirklich die Höhe! – »zweiten« schändlichen, schmachvollen Verabschiedung von ›Kobra‹ wieder mal draußen vor der Türe steht, hinter deren Wärme andere die großen Braten und die Latifundien aufteilen und schmatzen und tollwütig mit der Zunge schnalzen – ja, wie ein Schwein, wie einen Esel hatte man mich seitens dieser wahrlich schlangenfalschen ›Kobra‹-Führer gleich zweimal behandelt

und ausmanövriert, oh ja, diese Judase, diese Pharisäer, diese Lästermäuler! Fluch ihnen! Einerlei, ich aber werde mich, jetzt »freigestellt« vom Arbeitsamt, gerade mit dieser meiner Lästerchronik nach altbewährter Weise und Manier an ihnen zu rächen und zu revanchieren wissen! Ich werde ihnen – das wird der Leser bald aus dem Buch ersehen – Schläge und Seitenhiebe verpassen und Steine nach ihnen werfen, wie es mir gerade hochkommt in dieser meiner Beichte eines feurigen, noch immer jünglingsfeurigen Herzens! Ich werde die Schmach ausradieren durch literarischen Glanz und Ruhm, indem ich, dabei mich selber kaum schonend, bohrend und rücksichtslos in ihre Seelen, die Seelen meiner Peiniger, vordringe, in die Seelen der – aller! – aktiv Handelnden und sogar der braven Statisten – nichts werde ich auslassen, alle werde ich zur Rechenschaft ziehen und zur Strecke bringen, und wäre es noch so peinvoll beschämend (vor allem für die »Viererbande« und auch den Opernverein, hahaha, geschieht ihnen ganz recht, den Gecken!); werde ganz langsam und aber unerbittlich in ihre – *deus sive natura* – schmutzigen Eingeweide mich vorwühlen – um derart nebenbei und endlichendlich den Schlußstrich auch unter mein bisher unterm Strich so bummelhaftes und erfolgloses Leben zu ziehen! Jawohl, das will ich tun! 600 Seiten peinlich akkuratester Prosa sind mir als Mühe dafür nicht zu schade!

Dem Adler und zugleich dem Geier gleich schwebe mein Lied!

Übrigens habe ich ziemlich lange überlegt, ob der Romantitel »Die Unverblühten« wirklich der allerbeste und treffsicherste sei. Auf meinen Notizzetteln finden sich auch bemerkenswerte Alternativen und Varianten wie »Die Unverdrießlichen«, »Die Unentwegten«, »Die Unverweslichen« oder auch, ein bißchen gar stark ins Religiöse gewendet, »Die Unerlösten«. Auch all dies trifft nämlich die Sache, um die es mir geht, nicht übel, ja z.T. sogar noch genauer – nun, Titel sind natürlich immer Glückssachen, kein Buchtitel umgekehrt haut m.E. ganz hin und ins Volle – und so habe ich mich denn heute früh, nach einem Schluck guten Brandys, entschlossen, aus der Not eine Tugend zu machen, und ich verstreue also, damit ich nicht ganz umsonst gesammelt habe, diese Ersatztitel einfach über die einzelnen Romankapitel hin, so wie diese mir jetzt, zu Beginn meines Werks, vorschweben. Nämlich als Kapitelüberschriften und ohne allzu genau determinierten Sinn. Das Schöne ist ja, daß – *Hen kai pan* oder genauer: *to hen panta!* – letztlich alles irgendwie stimmt. Denn apropos, um darauf zurückzukommen, es wäre ja doch umgekehrt ausgesprochen seltsam, ja absonderlich, ausgerechnet in einer Zeit wie der unserigen von den Menschen philosophische oder auch nur logische Klarheit und Wahrheit verlangen zu wollen, etwa nach Maßgabe der eudaimonistischen Theodizee; und ergo und in der Folge einen Romantitel, der alles-aber-auch-alles komplett einbezieht und so *eo ipso* wie durch ein Wunder die Handlung selber gliedert und dem Autor alles weitere Nachdenken erspart. Gerade daran scheiterte, wie man *post festum* nur allzu schmerzlich weiß, doch auch schon unfehlbar unsere famose vereitelte und heute so ins Fälschliche verklärte 68er Bewegung!

Reinigend, selbstreinigend und in gewisser Weise entselbstigend sei mithin und also meine Schrift – der muntere und couragierte Leser möge sich deshalb froh ins Getümmel stürzen, durchaus im Vertrauen auf meine, des Chronisten, Kraft und Intuition, ja Inspiration. Er möge sich durch die vermutlich mehr als 600 Seiten hindurch wälzen (und stöhnen, hehehe) – der delikate Leser aber habe dies zum Trost, daß m.E. auch und gerade Thomas Manns »Zauberberg« ein recht fehlerhaftes Romanwerk ist und voll breitgetretenen und überflüssigen Gerümpels steckt – ich muß es schließlich wissen, ich habe den Schmöker gerade in einwöchiger Klausur, zum Training für mein eigenes Werk, wiedergelesen. Pfui, was für ein affektiertes bürgerlich-restauratives Gemäre, was eine verkniffene, nicht einmal besonders raffinierte Kollektion letztlich akademischer 08/15-Tricks aus der Klamottenkiste!

So gut kann ich es allemal.

Und deshalb jetzt unangefochten frisch zur Sache!

*Im zweiten Kapitel rekapituliert der Chronist nochmals seine Ankunft in F., seine Schein- und spätere wirkliche Einstellung bei ›Kobra‹, seine letztlich unbedarfte politische Vergangenheit – und schlägt erstmals das insgeheim zentrale Namens-Motiv des Romans an: Er heißt »Bernd Fack«.*

*Bei einem Schätzumfang von 600 Seiten ist die Wahrscheinlichkeit einer gelegentlichen Erledigung des Romanprojekts der »Unverblühten«, die in gewisser Weise den epischen Bogen thematisch-personal-stilistisch zum Erstlingsroman der »Vollidioten« (1973) zurückschlagen möchten, naturgemäß beschränkt.*

E.H.

Brigitte Kronauer

# Tabernakel des Zentralgeheimnisses
## Zu Eckhard Henscheids Roman »Die Mätresse des Bischofs«

Die Position der »Mätresse des Bischofs« im System der »Trilogie des laufenden Schwachsinns« und der »Marientrilogie« ist extravagant. Beiden Gruppierungen angehörend, handelt es sich um ein janusköpfiges Epos. Themen, Motive, Symbole, Zitate, literarische und musikalische Anspielungen der Satellitenromane resümiert und nimmt es vorweg. Kein Wunder, daß es auch das voluminöseste der Gesamtkonstellation ist, die mit nicht einmal die Hälfte der »Mätresse« umfassenden, fast gleich kurzen Werken beginnt und endet, wobei das erste erzähltaktisch geheuchelte, mit allen Wassern gewaschene, das letzte – ebenso erzähltaktisch – alternativlos kindliche Einfalt vorführt. Es stellt außerdem den artistisch angebahnten Übergang dar vom »Ich« der »Vollidioten« und von »Geht in Ordnung – sowieso – – genau – – –« zum »Er« in »Dolce Madonna Bionda« und »Maria Schnee«. Vor allem sind in ihm wirksam die wesentlichen Entzündungskräfte und Erzählmotoren der anderen vier Bücher: Intrige, Idolisierung, Halluzination, Hypostasierung.

Außergewöhnlich im literarischen Gesamtwerk des Autors ist die »Mätresse« zudem als seine sowohl urwaldartigste wie auch knöchernste Arbeit. Dieses »sowohl-als auch« könnte die für eine Untersuchung des Romans programmatische Konjunktion werden. Dabei wäre es nicht einmal richtig zu sagen, unter der exzessiv wuchernden, mehrgeschossigen und labyrinthischen Oberfläche läge ein außerordentlich stur sich behauptendes Planungsschema, vielmehr taucht dieses Schema, die Verwirrung mutwillig steigernd, aller Ornamente entkleidet, sich gewissermaßen selbst ohne alles Beiwerk präsentierend, zwischendurch auf und wieder ab.

Die »Mätresse« ist zweigeteilt in Roman und Tagebuch. Diese Großstruktur kennzeichnet die durchgehend antithetische Anlage des Werks, das unter der Barock-»Regel des Gegensatzes« steht, angefangen beim Titel, angefangen beim Schauplatz Dünklingen, dessen Form zwischen Ei und Kreis schwebt, eine Ellipse, mit zwei Brennpunkten also. In seinen Stadtmauern liegen die beiden Versammlungsorte »Café Aschenbrenner« und die Gaststätte »Zum Paradies« einander paradigmatisch gegenüber. Neben dem »Aschenbrenner«, in der Mitte des Städtchens, ragt die Stadtpfarrkirche »St. Gangolf«, deren Himmelsdeckenfresko einst als Randfigur Hitler zugefügt wurde. Aus zwei Brüdern besteht die Einheit der idolisierten Iberer, denen konkurrierend – und wie sie zwiespältige Emotionen des Erzählers auslösend – der Hemingwayverehrer und Kommunist Alwin Streibl, Schwager des erzählenden Ichs, entgegengesetzt ist. Zum sporadischen Advocatus

Diaboli wird der durch die »Paradies«-Pforte einbrechende bischöfliche Kerzenhändler Lattern für das ganze städtische Nest, in dem die Antagonismen »West – Ost, Kommunismus – Katholizismus – Kapitalismus, Christentum – Heidentum usw.« (»Erläuterungen und kleiner Kommentar«) sowie die Paarungen Sexualität – Geschlechtslosigkeit, Konsumeuphorie/ Modernisierungswahn – Frührentnerbeschaulichkeit zur schönsten Konfrontation und Sprache kommen. Der Ton nicht kaschierter Verzweiflung trifft, ein unentwegtes Flackern erzeugend, auf den eloquenter Veralberung, das Erhabene aufs brillant servierte Triviale, wenn beispielsweise inmitten akrobatischer Kneipenpolyphonien der Nestor des Altenbundes, Freudenhammer, waghalsig kombinierend, mit nicht zerstörbarer Autorität zweimal aus dem 1. Korintherbrief des Apostel Paulus zitiert: »Dann aber (...) werd' ich erkennen (...) gleich wie ich selber (...) erkennet bin. Gut Nacht.«[1] Auch das gelegentlich halbkokett in die Debatte geworfene Interpretationsangebot des Erzählers Siegmund Landsherr, die Motivverschlingungen und -potenzierungen unter dem Ordnungsprinzip »Geisel – Geiselnehmer« zu betrachten, bestätigt das herrschende Gegensatz-System. In Feinsymptomen: Landsherr hört im intimen Rahmen auf den geheimnisvollen und decouvrierenden Namen »St. Neff« (er führt eine Josefsehe), die Schwiegermutter wird von ihm aus guten Gründen nach der italienischen Schauspielerin »Stefania Sandrelli« genannt, seine Ehefrau besitzt einen deutschen und türkischen Familiennamen wie – auch im metaphysischen Sinne – zwei Identitäten. Häufig tritt sich Landsherr meditierend in einem großen Spiegel gegenüber. Gravierender aber: das ihm vom Autor verliehene Dasein ist doppelbödig. Er lebt und er erfindet sein Leben.

Er tut es mit grandios ineinander verklammerten, sich wechselseitig schärfenden literarischen und existentiellen Konsequenzen. Die naheliegende Folgerung, das Fiktionale dem Roman, das Authentische dem Tagebuch zuschlagen zu dürfen, wird ja sogleich abgeschmettert. Zwar ist wichtig festzustellen, daß Landsherr von seinem ›autobiografischen‹, mit ironisch reflektierter Ambition verfaßten Roman zum Tagebuch überwechselt, als die Leitplanken seines Lebens zu Bruch gegangen sind, so daß er, zweifellos mit spöttischem Seitenblick auf gewisse naturalistische Tendenzen, behauptet, allein auf diese Weise »der ganzen schwer durchschaubaren hieroglyphischen Gestaltlosigkeit« des Lebens gerecht zu werden. Kaum aber hat er sein tägliches Notieren begonnen, fängt er an, effekthascherisch zu lügen. Die erhellende Vertauschung, der Zusammenprall, die Durchdringung von Leben und Literatur, der Wettkampf von Zufall und Strategie werden noch textbestimmender.

Das kann in einem einzigen Satz komprimiert sein. Überlegung Landsherrs anläßlich der Verleumdungen seines Schwagers: »Und wenn er zufällig geschrieben hätte: ›Mein Schwager geht mit Frau Wienerl fremd, dann wäre ich eben vor zwei Jahren schon mit Frau Wienerl fremd...‹«; oder es läuft anekdotisch ab: Bei der vom General Krakau als eigenes Erlebnis ausgegebenen Dostojewskischen Hündchenepisode, schon im Original eine

Lügengeschichte, stellt sich schließlich heraus, daß Krakau selbst eine von Landsherr erfundene Figur ist. Am zierlichsten und bewegendsten erscheint die Konfrontation im sich durch den Roman schlingenden Motiv der »Donaustädte«, eine Gedächtnisleistung der Schwiegermutter, die sie wie eine »Perlenschnur aus Donaukieseln« aufsagen kann, gegen Ende ihres Lebens zum unerbittlichen Zeichen ihres Untergangs nicht mehr zusammenbringt, im Todeskampf die Aufreihung der Städte mit den Wörterreihen des Vaterunsers in einleuchtender Schlüssigkeit verwechselt, während sie wiederum dem Erzähler, in einer dem Wahnsinn nahen Stunde als Rettungsanker dienen und ganz am Schluß des Romans alles in sich vereinigen: heruntergeleierte Litanei, reine Struktur, Travestie in Gestalt einer Fußballwunschzwölf, Anspielung auf die Todesstunde(-not) zurück auf Stefania, vorwärts auf Landsherr, verworfenes, und doch trotzig assoziiertes Überlebensgeländer: Donaustädte! Ein Paradebeispiel literarischer Ökonomie.

Der Trick Landsherrs, sein Leben als Roman zu begreifen, dessen selbstentworfene Muster sein ablaufendes Leben dominieren, ist alles andere als eine Spielerei. Es verschafft ihm den gewaltigen Vorteil, sein eigenes und das Leben überhaupt in eine Sinnfalle zu locken. Zu Recht nimmt er seine Einsicht: »Die Wirklichkeit ist ja ein wunderliches System von Signalen, Winken, Zeichen und Botschaften, fragt sich nur oft, für was« wortwörtlich, wenn er angesichts von Nichtigkeiten grübelt, was das wohl wieder bedeuten solle, oder sich versichert, daß sich nun alles runde. Er will, Rationalist hin oder her, daß es ihm gelingen möge, an das Leben als Rätseluniversum zu entschlüsselnder Motive und Symbole zu glauben, von einem literaturtheoretisch versierten Schöpfer für den deutungsgierigen Leser verfaßt. Eine Konzeption, die ihm erlaubt, auf einsehbare Fügungen, d.h. auf motivlich fügsame Ereignisse und ebensogut: auf Motiveinfälle, die sich zu einem Ereignis der Wirklichkeit ausbauen lassen, bis zur gesamtromanlichen Zerreißprobe lauernd, loszulegen: »... denn die Idee, daß einer vor sich hinsabbert, bis eines Tages etwas passierte, diese anspruchsvollste aller Formideen wagte bisher sicher noch keiner!« Das ist nicht nur schnoddrig dahergeredet. Es ist zugleich tiefernst und vollkommen richtig. Die Rechnung Henscheids, durch das muntere, aber auch uhrwerkartige staccato der von Tag zu Tag fortschreitenden Notizen das Zermürbende dieses Lauerns zu verifizieren, geht blendend auf.

Das als spekulativer Zeitvertreib eines entlassenen Bibliothekars und müßiggängerischen Klavierlehrers vermummte, zwischendurch schauerlich sich enttarnende, heiter gottserbärmliche Warten – als Thema und Motiv keineswegs Einzelfall in Henscheids Oeuvre – auf eine erlösende Wendung seines angespannt stillgestellten Daseins, auf eine Magnetisierung seiner zerstäubten Existenz, mit der die kurzweiligen Leich-Reden des Beerdigungsreporters Freudenhammer als auf Biegen und Brechen stets gelingende ›Biografien in Gott‹ heimlich rivalisieren, macht die »Mätresse« zu einem unvergleichlichen Roman der modernen Literatur. Unvergleichlich deshalb, weil sein Held sich zwar im Zustand nach dem »Zerbrechen und Zerstieben von (...) festbewährten Wertaxiomen« befindet, sein quälendes Abwarten nachvollziehbar erleidet und gleichzeitig als Verfasser seines Romans kalkulierend damit agiert, es zu lichter Komik entzündet, dabei aber niemals das altvertraut Absurde streift.

Unvergleichlich, weil die »Mätresse« einerseits zwischen autonomem Sprachspiel und ausgefeilter symbolischer Vernetzung changierend – groteskes Beispiel auf engstem Raum: Nach dem Tod der Schwiegermutter hat Landsherr die Idee, eine Schraubenmutter als Ersatz wie einen verdinglichten Versprecher mit sich zu tragen –, fern aller Bedeutungssümpfe, vielmehr mathematisch jonglierend und unterstützt durch die Vorsilbe »Mä«, in der interpretatorisch verbohrten Frage zu kulminieren scheint: Ist Landsherrs Frau Kathi die Mätresse des Bischofs oder die Jungfrau Maria bzw. beides, und ist Landsherr, als Aufseher im Roman der Episkopus, also selbst der Bischof bzw. sogar, wenn auch Josef, so außerdem stellvertretender Gottvater, also Liebhaber Marias, als Schöpfer, Herr des Romans unter Berücksichtigung der Gotteskindschaft des Igels Charly-Mä usw.?, andererseits aber nie eine ja leicht zu bewerkstelligende Abstraktion vom Leben oder gar neben ihm her, sondern stets die per Literatur intensivierte Anschaulichkeit Ziel und Ergebnis ist, nicht das Verschwinden des Lebens in Buchstaben, sondern sein Wiedererscheinen aus der Schrift heraus? So erlebt die Beziehung Landsherr – Kathi, als eine der zahlreichen szenischen Glanzleistungen, die den Roman rhythmisch gliedern, ihre herzzerreißende Klimax, als die beiden, verbissen vor bester Absicht, einander im Hotelzimmer die Unmöglichkeit ihrer Liebe vorexerzieren.

Noch einmal andererseits: Weil die »Mätresse« zugleich ein außerordentlich konkretes Werk über die Bundesrepublik der siebziger Jahre ist, ein melodisches, Zeitgeist-Sprechweisen mit einzigartiger Hellhörigkeit registrierendes und archivierendes Gegenwartsepos, in dem alle Depressionen und Amüsements des Helden, auch die anrührendsten, verborgensten wenigstens über den Ausbruchanlaß in Verbindung stehen mit den politischen und gesellschaftlichen Phänomenen der Republik, wie diese ihrerseits individualisiert, perspektivisch geformt, also ästhetisch aufbereitet werden durch Interessen, Launen, Empfindlichkeiten Landsherrs, was natürlich gleichbedeutend ist mit einer Selektion, wobei das Aleatorische der spontanen Aufnahme tatsächlicher Vorkommnisse – teilweise fast gleichzeitig mit der Niederschrift geschehen – in höchst irritierendem Prozeß ausgereizt wird gegenüber den manchmal wie kapitulierenden, zuletzt immer bändigenden Ordnungskräften des Romans.

Viele der benutzten Stilmittel stehen in langer Tradition (z.B. Anrede, Beleidigung, Umgarnung des Lesers durch den Erzähler), aber gerade wo sie ihre Altertümlichkeit extra herausstreichen, wirken sie durch Anwendungsweise und Inhalt skandalös, ja antiliterarisch, beinahe nicht zum Wiedererkennen, also wie neugeboren. Vorbildlicher, respektvoller kann man mit Erbschaften nicht umgehen. Als Mikroexempel kunstvoller Dialogführung mit Zitaten sei Goethes Gedicht »Nähe des Geliebten« erwähnt, das durch ein einziges eingefügtes Wort privatisiert und in den Roman eingesaugt wird. Eine durchgehend bei Henscheid zu findende Technik ist die, mit üblicherweise für spektakuläre Anlässe reserviertem dramatisierenden Vokabular geringfügigste Gegebenheiten als Sensation auszugeben. Der Effekt ist vielfältig. Abgesehen davon, daß auf solche Art Komik entsteht, repräsentiert es den Versuch, dem alltäglichen Leben Ekstase abzupressen (ähnlich den heiklen Glückssekunden der schnöden Kurkonzerte), und signalisiert ebenso die Würde des Banalen, das freilich auch gerade als solches ausgestellt wird mitsamt dem sich am scheinbar unangemessenen Material regenerierenden literarischen Instrumentarium.

Diese gewinnträchtige Diskrepanz aber manifestiert sich im Doppelkörper der Ibererbrüder.

Die »Iberer-Buben« Fink und Kodak: »Zwei Männer um die 50 Jahre, welche immer und ewig gemeinsam durch die Hauptstraße Dünklingens gingen, so die längere Achse des Ei-Stadtkerns durchstreifend. Jawohl, zwei nicht mehr junge, aber auch (dieser Eindruck formte sich früh) irgendwie alters- und zeitlose Gesellen, die offenbar eng zusammengehörten, sich aber nur soweit ähnlich sahen, daß es sowohl Brüder als auch na sagen wir Deutsche schlechthin sein mochten.« Sie sind außerdem, das ergibt sich im Laufe wohldosierter, konspirativer Informationszufuhr, Arbeiter in einer Eisenhütte, praktizierend katholisch, ledig, wohnen bei ihrer Mutter, waren als Kinder Fußballspieler und Ministranten. Das sind die Fakten. Wenn sie auftauchen, bedeutet es für den sie bespitzelnden Erzähler jedoch jedesmal Erschauern, Verzückung, Epiphanie! Ausdrücklich durch ihre extreme Glanzlosigkeit – und nichts anderes nehmen andere an ihnen wahr – eignen sie sich für Landsherrs Zwecke. Das erhärtet sich an der Palette ihrer Konkurrenten, und daß es welche gibt, macht klar, wie sehr der Erzähler nicht allein Voyeur, sondern auch Projektor ist. Während die Iberer nämlich Bildnehmer (Hobbyfotografen) sind, betätigt sich Landsherr, treibt man das Wortspiel weiter, als Bildwerfer (Episkop). Er stilisiert sich die Brüder, obwohl er das »Taubenmistgraue« ihrer Erscheinung deutlich wahrnimmt, mit äußerster Konzentration zu Idolen, die ihm wahre Gefühlsgewitter bescheren.

Sie zu beobachten (»meine allerletzte Chance«) verleiht seinem Leben einen »Leitgedanken, Sinnstiftung«, kurz, den roten Faden, an den sich zu klammern er um jeden Preis willens ist, in abstrusem Auseinanderklaffen von Ursache und dem Leser wie sich selbst suggerierter Wirkung. In der den Iberern zugeschanzten Funktion artikulieren sich die sehnsuchtsvollen Bedürfnisse Landsherrs. Das Ganze abschattiert: Streibl, zweiter Fixstern seiner Existenz, der sich im Gegensatz (»Steigerung durch Polarität«) zu den Brüdern in aller Ausführlichkeit und schamlos ausbreiten darf (zwiefacher Gegensatz zu den Iberern!) und dessen scharf umrissener Charakter darin besteht, chaotisch und fruchtbar wie das Leben selbst zu sein, verwickelt sich stets – unbewußt schlau – in allerlei meist eingebildete Intrigen, besser: läßt sich von ihnen unterhalten und definieren.

13

Was macht die »Brüderei« so attraktiv für Landsherr? Er fragt es sich selbst. Sind sie »Symbol der verpaßten, der versäumten Kindheit«? Ein raffiniertes »Spielzeug«? Ein Bollwerk gegen die bedrängende Größe des Weltalls, sie, die »nach fast sonnenphysikalischen Gesetzlichkeiten« das Stadtei durchpendeln? »Bestätigung dessen, daß alles in Butter und trotz der Neutronenbombe praktisch nichts zu befürchten war«? Verhindern sie, daß der Erzähler zum Terroristen wird? Ist die »Rundlichkeit des Brüdermiteinanders« ein bannender Zauber angesichts der »herrschenden Hinfälligkeit des Menschengeschlechts per se«? Durch ihren schließlichen Verlust erleidet Landsherr die schlimmsten Zerrüttungen, denn ihm, der sich nicht ohne Schalkhaftigkeit Agnostiker nennt, verkörpern sie »die wärmende Kraft des ›Erfreulich-Katholischen‹, des ›Trotz-allem-noch-immer-Katholischen‹ (...) in gottferner Zeit« und als fast einzig im alten Sinne regelmäßig Werktätige in einer durch Arbeitslosigkeit und Arbeitssimulation[2] geprägten Bundesrepublik eine Festung unerschrockener Beständigkeit. Sie sind, in einer gefährlich diffusen, zerstückelten, sinnentleerten Welt um den Erzähler herum und in ihm: kompakt, unangefochten in sich ruhend, sind Bild, Sinn, Inbegriff, sehr künstliches Sinnbild von des Erzählers Gnaden und doch ausgestattet mit der Möglichkeit, ihn zu verraten, ihn, dem sie sowohl für sein Leben wie für seinen Roman unerläßlich geworden sind, an den Rand des Scheiterns in beidem zu bringen als das Herzmotiv beider Bereiche.

Die Iberer-Idole, inmitten allgemeiner Nivellierung und Abwesenheit von leitendem Sinn: Gestaltgewordenes Gegengift, antiquiert und keusch unveränderlich bis zur Heirat Finks. Ein anstößiger, ironischer Anachronismus steckt in ihrer Erscheinungsweise und literarischen Funktion, der sich allerdings als Antwort auf ein zweifellos reales, akutes Defizit provokant und souverän rehabilitiert. Literarisch gesehen: in Anführungszeichen gesetzte Konventionalität. Noch einmal: für Landsherrs Romanwerk unentbehrliche, lächerliche, aber wirksame Sinnstiftung, und als das demonstrativ dargeboten. Gegen alle Fragmentarisierung das in dieser hochreflektierten Form wieder möglich gewordene Credo an die entschieden davon abgesetzte (auch künstlerische) Gestalt, Mystifikation. Die Iberer: Das »Tabernakel des Zentralgeheimnisses«, rundlich und rundend. Wie die Iberer-Eskapaden Landsherrs gesellschaftlich etwas erotisch Unerlaubtes sind, so auch literarisch. In beiderlei Hinsicht ›gehören‹ sie sich nicht. Der als Bauernfängerei ausgegebene Titel des Buches persifliert noch einmal eine auf lautere Weise nicht mehr zu befriedigende Literaturerwartung in aller Opulenz. Für sie springen die Iberer ein, die hochgepäppelten, ältlichen Unscheinbaren als Mätressen-Substitut.

In der grellen Ausleuchtung der Moderne und eines ihr nicht kongruenten, unausrottbaren, auch: kindlichen Teil-Zustands des Menschen erweist sich die Humanität – um im Vokabular des Autors zu reden – Eckhard Henscheids. Vor dem Jammer der Sinnleere kann nur ein, und sei es ein notwendigerweise chimärischer, etwas muffiger Ersatzgott retten. Henscheid gestattet und verschreibt seinem unglücklichen, allerdings nicht humorlosen, zerfasernden Helden, der, um sich vom Grauen seiner Seele und der »rasenden Idiotisierung des öffentlichen Lebens« abzulenken, unter anderem kleine Sprachexperimente und penible Teppichumrandungen betreibt (auch hier zeigt sich der Autor als Könner zugleich krasser und diskreter Darstellung kläglicher Gemütsverfassungen), andererseits einmal Rancher werden wollte, die »Iberer-Andacht«, Landsherr zum fragilen Trost, dem Roman zur Größe.

Ein, bei aller Systematik, undurchdringlicher Roman? Ich glaube ja, zum Glück! Ein komplizierter Roman?

Vor der letzten, dem Erzähler bescherten Iberer-Epiphanie in Florenz, bei der Paradiespforte des Battistero Don Giovanni, unmittelbar vor ihrem endgültigen Verschwinden, parallel zur visio beata in Iberer-Form, kurz vor dem Sündenfall der Verheiratung Finks, erkennt Landsherr in Griechenland: »Licht ist Entsetzen ohne Rückkunft in den Dämmer, ist Stachel schleimig ohne Dialektik«; »Das Leben auf der Anderen Seite war das Dritte, strahlend schlüpfrig ohne Witz noch Wunder« und kehrt rasch nach Italien zurück: »Zu schauen das Erleuchtete, die Rettung vor dem Licht«; denn: »Nicht waren wir auf die Welt gekommen, um uns an Helle zu verderben.« Die Helle, das ist die gestaltlose Abstraktion, Wunder und Witz aber bringen die Welt zum eigentlichen Erscheinen, zum Leuchten.

Das sei an zwei Beispielen illustriert. 1. Der »Teufel« Lattern zaubert Landsherr und seinem Freund Kuddernatsch in der mit einer Kneipentombola fast herumgekriegten Weihnachtsnacht ein Wunder vor: Er setzt vor ihren Augen einen zugefrorenen Weiher, den er mit Benzin übergossen hat, in Flammen, ein Schauspiel aus Glut und Eis. – 2. In einer außerhalb liegenden Wallfahrtskirche, unter dem Deckengewölbe, auf welches das Jüngste Gericht mit der Scheidung von Gut und Böse gemalt ist, verhandeln Streibl und Landsherr – die Struktur jetzt sehr vereinfachend beschrieben –, komplementär zum Gemälde über ihnen, über Kapitalismus – Kommunismus und entfachen einen tänzerischen, nahezu von jedem Inhalt, jeder Erdenschwere abgehobenen Disput, ein Duett nach allen Regeln der Kunst. Sinn des Ganzen? »Einen Spaß will er (Landsherr) sich machen« (Henscheid in den »Sudelblättern«).

Die Spannung zwischen den Antithesen ist der Zündstoff, durch den das Feuer der Streitlust entbrennt, ja, ist die überhaupt irgendetwas Erscheinendes schaffende Energie. *Dialektik* als Welt-Anschaulichkeit zeugendes Prinzip beherrscht die »Mätresse« in Konstruktion und bis in jeden Abschnitt. Hier äußert sich Henscheid zu einem Jahre später in der literaturtheoretischen Erörterung diskutierten Problem: Es geht, um der Welt, dieses »wundersam korrupten Erdenstiefels« willen, nicht ohne sie! Die Iberer sind augenzwinkerndes, fleischgewordenes Resümee bzw. Gehäuse dieses erotisch-künstlerischen Gesetzes der Polarität. Die Synthese nämlich ist die Verwandlung, die Metamorphose in Witz und Wunder enthaltende Kunstgestalt, Andeutung einer besseren, aber keinesfalls abstrakteren Welt, paradiesische Vorahnung.

Wenn im Finalgefunkel – und es handelt sich mitnichten um ein Happy-End – noch einmal alle Motive wiederkehren (deren genaue Nachzeichnung, leider auch das Motiv der Tiere, hier ausgespart bleiben mußte), jede Bewegung, jeder Satz einen Motivschauer auslöst und die Motivverknotungen, zugleich als ›Motivsalat‹ verulkt, – Feier und Zusammenbruch der für die Dauer des Romans haltbaren Signalfiktionen – über Bord geworfen werden, weil ihre Zeit wie die »Brüderkunst« um ist und sich auch der Erzähler aufzulösen scheint und das Werk schließlich endet, sich einfaltet und verabschiedet mit einem doppelzüngigen FINIS OPERIS – LAUS DEO (ein letzter Gegensatz und Widerspruch: der unzuverlässige Agnostiker Landsherr beschwört seinen Gott bzw. Deus absconditus), dann wird der Roman auf die Ebene einer zu ihrer Schlußfigur gekommenen, graziösen Liturgie, eines Spiels, oder auch, dieser Widmung entsprechend, eines Musikstücks erhoben.[3]

Landsherr, steht am Beginn, streift durch Dünklingen, »diese und jene Sehenswürdigkeit zu erhaschen bzw. überhaupt etwas zu sehen«, und gegen Ende heißt es: »Von einer gewissen Reife ab genügt es den Menschen, überhaupt wahrgenommen zu werden.« Ein Abschnitt ungeheuer komplexer Gegenwart voller Komik und Finsternis ist ohne Gewichtsverlust, ohne Verlust an Gegenständlichkeit und Aktualität, verwandelt in die Leichtigkeit der sich selbst genügenden Gestalt, erschienen. Das ist alles. Das ist bescheiden, ja demütig und gleichzeitig: Alles!

Insofern gibt sich dieses komplizierte Epos als ein sehr einfaches zu erkennen. Es gilt für dieses Meisterwerk, was Flaubert über eben diese sagte: Sie wirkten »ruhig wie die Produkte der Natur, wie die großen Tiere, wie die Berge«, wie eine elliptische, aus einiger Entfernung betrachtete, felsige, von Urwald bedeckte Insel.

---

1 Ein anderes Zitat geht diesem, für den ganzen Roman signifikanten Ausspruch in ähnlicher Situation voraus: »Nach Paulus‹, sprach Freudenhammer, (...) ›bleiben drei Phasen: Glaube, Hoffnung, Liebe, diese drei. Aber die Liebe‹, sagte Freudenhammer sehr langsam, ›die Liebe ist die größte unter ihnen. Karl!‹« Auf der vorletzten Seite, im Motivschlußtableau, wird im Kostüm einer Banalisierung dezent darauf angespielt, und zwar in der Dreierfolge: »Flittrige Gefühle, aus denen ich unter anderen Hochmuth, Espressosuchth und Geilheith herausdestillierte.« Und noch einmal variiert: »(...) hatte ich eigentlich alles bei mir? Geld? Liebe? Kaugummi?« – 2 Dieser Aspekt steht u.a. im Zentrum eines Aufsatzes von Bettina Clausen: »Ideomotorische Vita Nova. Arbeit, Technik und das Paradies in Romanen Eckhard Henscheids«. In: »Technik in der Literatur«, hg. von Harro Segeberg, Frankfurt/M. 1987, stw 655. – 3 Vgl. hierzu E. Henscheid in: »Sudelblätter«, Zürich 1987, S. 338: »Die drei religiösen – parareligiösen? – Phasen meiner Kindheit/Jugend: 1. Religion und Liturgie (11–14); 2. Sport, vor allem Fußball (12–18); 3. Musik, vor allem Oper (14–21).«

Michael Brucker

# Nichts ist so phantastisch und sinnlos wie die Liebe

Anmerkungen zum Romantischen in Eckhard Henscheids
Roman »Dolce Madonna Bionda«

Für Annegret

»Essendo carestia di belle donne, io mi servo
di certa idea che me viene al mente.«
(Raffael Santi in einem Brief an den Grafen von
Castiglione, o.D.)

Die Mauerinschrift »MOSCH«, gelesen in Bergamo von Italienurlauber Dr. Bernd Hammer, erfolgreicher Feuilletonist, 46 Jahre alt, stellt eine schicksalshafte Zäsur in seinem Leben dar. Hammer weiß nicht, wie ihm geschieht, nichts bleibt so, wie es war: Ungeheure Gefühls- und Verstandeskräfte werden frei, denen er zu Beginn hilflos ausgeliefert ist, die er im Verlauf seiner Entwicklung erst zu kontrollieren, dann zu benutzen lernt. Marcel Reich-Ranickis FAZ-Artikel »Blumen für die Dichter« zeigt Hammer, daß es, obwohl er bereits mit dem Gedanken gespielt hat, sich endgültig in Italien niederzulassen, an der Zeit ist, sich zuhause wieder aktiv einzumischen. Am Ende einer glücklich gemeisterten, alles umfassenden Krise, zu Beginn eines neuen Lebensabschnittes besteht keine Notwendigkeit mehr, den Italienaufenthalt erneut zu verlängern. Mit sich und der Welt in Einklang, beschließt Hammer seine Rückreise nach Deutschland.

Wie diese knappe Inhaltsangabe zeigt, ist die erzählerische Substanz des Romanes erstaunlich dünn gehalten[1], Novalis' »Oeconomie des Styls«[2] kehrt abgewandelt mit einer seltsamen Aktualität wieder. Die geistig-seelische Lage des Protagonisten ist es, wofür sich Eckhard Henscheid interessiert, die Innenwelt und das, »was in der Höhe ist«[3]: »Wir träumen von Reisen durch das Weltall – ist denn das Weltall nicht in uns? Die Tiefen unsers Geistes kennen wir nicht – Nach Innen geht der geheimnißvolle Weg. In uns, oder nirgends ist die Ewigkeit mit ihren Welten – die Vergangenheit und Zukunft.«[4]

Reisen bedeutet, sich der Welt und damit seines Ichs zu vergewissern – Bernd Hammers Italienreise bietet den Rahmen einer ungleich umfassenderen Reise, vergleichbar etwa der des Heinrich von Ofterdingen. Die geographische, äußere Reise korrespondiert mit der immensen inneren, der seelischen Entwicklung des ›Reisenden‹ – fast alle romantischen Helden sind ständig unterwegs. Dahinter steht die Auffassung, daß der sein Leben vergeudet, der nie aufbricht, das Alte hinter sich läßt, getrieben von einer alles umfassenden Sehnsucht, etwas Neues für sich zu finden. Er vermag nicht die Möglichkeiten zu nutzen, die sich jedem, sowohl körperlich als auch geistig flexiblen, Leben zwangsläufig bieten *müssen*.

Es wird deutlich, daß empiristisches und rationalistisches Denken nie den gesamten Komplex menschlicher Weltbeziehungen umfassen können, das lange propagierte Prinzip der reinen Naturnachahmung ist daher unzulänglich. Eckhard Henscheids Romane sind aus ebendiesem Grund realistisch zu nennen, umfassen sie doch auch das Seelenleben der in der erzählerischen Realität agierenden Personen. Dieser poetische Realismus, Novalis' Romantisierung der Welt (s. Schlußabschnitt), hat mit einer Butzenscheiben- und Gartenlaubenpoesie nichts gemein. Was Eckhard Henscheid mit den Romantikern verbindet, sind andere, wichtige Kategorien: das Jähe, das Phantastische, der Schmerz, das Intuitive, das Schreckliche. Die tiefsten, wirklich elementaren Schichten des menschlichen So-Seins wurden im Verlauf der ersten Aufklärung der Reflexion entzogen, in ihrem bis zur Flachheit, Trivialität und Problemlosigkeit vereinfachten Weltbild hatten die Materialisten keinen Platz für die Seele gelassen, sie ist der Verstandeskultur und dem Glauben an die alleinglücklichmachende Kraft der Wissenschaft zum Opfer gefallen. Eckhard Henscheid unternimmt es nun, diese in ihre alten Rechte wieder einzusetzen. Seine zweite Aufklärung übertrifft somit die erste um ein Vielfaches, reicht sie doch ungleich weiter und tiefer als diese. Obwohl die Vernunft unterm bilanzierenden Schlußstrich die absolute Priorität behält, weiß Eckhard Henscheid sehr wohl um die Bedeutung der Nachtseite der Kultur, des Unbewußten. Wer bei dem Begriff ›Romantik‹ an modrige Grüfte denkt, an verlassene Gärten, Vollmond über Marmorstatuen, ehrbare Jungfrauen, angebetet von blassen Rittern in Burgruinen usw., erfaßt nur einen winzigen Aspekt dessen, was die Romantik in Wahrheit schon immer beinhaltet hat. Die sogenannten Frühromantiker waren es, allen voran Novalis (Friedrich von Hardenberg, 1772–1801), die den Grundstein legten zu einer der einflußreichsten Denkströmungen unserer Zeit, der Psychoanalyse. Das Unterbewußtsein war es, worum sie sich intensiv bemühten. Was Friedrich von Hardenberg, die Gebrüder Schlegel, Ludwig Tieck und E. T. A. Hoffmann vorbereiteten, wurde von Friedrich Nietzsche[5], dem »ersten Psychologen des Ewig-Weiblichen«[6], wieder aufgenommen und von Sigmund Freud zur heutigen Gestalt *ergänzt*. Die Faszination der Romantiker für alles, was das Unterbewußte betrifft, ausdrücklich herausgestellt zu haben, ist das Verdienst Ricarda Huchs. Sie war es damit wohl auch, die die Romantik vom Ruch des Ewiggestrigen, irrational mystisch Versponnenen befreite, indem sie die Bedeutung des Intellekts für die Romantiker ebenso eindrucksvoll wie lesenswert nachwies.[7]

Friedrich Schlegels Problem der Poesie an sich, die »Vereinigung des Wesentlich-Modernen mit dem Wesentlich-Antiken«[8] gelingt Eckhard Henscheid in seinem Roman auf eine ganz erstaunliche Art und Weise gleich in mehreren Variationen. Die Grundthematik des Buches ist so alt wie die

Menschheit. Im wesentlichen geht es um die Zähigkeit, die auch erzählerisch gnadenlos verdeutlicht wird, und Langlebigkeit von Gefühlen und fixen Ideen, Sentimentalität ist der Schlüsselbegriff [9]. Grauslich gebeutelt von existentiellen Grunderfahrungen des Mensch-Seins beispielsweise wird Bernd Hammer zum guten Schluß doch gerettet, ausgerechnet durch Marcel Reich-Ranicki! Die räumliche Distanz schärfte die Wahrnehmung: Schwachsinn wird als solcher erkannt und auch benannt. In Italien greifen die Mechanismen der bundesdeutschen »Proletenkultur« (S. 253) nicht. Die außergewöhnliche Steigerung seiner intellektuellen Fähigkeiten wird nicht zuletzt beeinflußt von Horst Tempes, vielleicht Hammers Alter ego. Diese Figur signalisiert die Selbstentzweiung, die Identitätskrise, in der er steckt. Gleichzeitig wird sie mit dessen Hilfe leichter bewältigt. In ihm verkörpert sich all das, was Hammer nicht ist und kann, ernsthaft auch nie anstrebt, als Möglichkeit aber ebenso real ist wie sein Versuch der Bewältigung des Lebensproblems. Henscheid modifiziert hier äußerst geschickt das uraltromantische Motiv des Doppelgängers.

Sofort nach der Entdeckung von »MOSCH« ist Hammer klar, daß damit nur seine ehemalige Geliebte Annemarie Mosch gemeint sein kann, die ihn vor 14 Jahren in Frankfurt verlassen hatte. Daß diese Beziehung in seinen Erinnerungen idealistisch verklärt erscheint, ist von Anfang an deutlich. Die Wahrheit ist es nicht, wofür sich Bernd Hammer interessiert, dem Wahren als etwas Höherem ist er aber ständig auf den Fersen. Wie einen Gottesdienst zelebriert er mit vollem Bewußtsein seine Form des Selbstbetrugs. Zu diesem Zweck entwickelt er, bzw. es entwickelt sich eine eigenartige Logik um die wahren, tieferen Gründe seines und ihres Hierseins. Diese »Logik des Herzens« ist allein vom Verstand her nicht zu begreifen, besitzt aber doch ihre eigene Folgerichtigkeit. Raum und Zeit, die Reihenfolge von Ursache und Wirkung geraten ihm bei seinen Schlußfolgerungen zwar ein wenig durcheinander, aber Bernd Hammer weiß ganz gewiß, daß er im Grunde seines Herzens einfach Recht behalten muß. Zunächst trifft ihn eine herbe Enttäuschung, die aber sofort umgemodelt wird zu allerhöchster Lust: Er begegnet Annemarie Mosch tatsächlich in Bergamo. Sie erkennt ihn nicht, geht weiter, um nie mehr aufzutauchen. Eckhard Henscheid hat dieses scheinbar über alles herbeigesehnte Wiedersehen, von dem man doch glauben sollte, es sei der ›Falke‹ des Romans, so geschickt versteckt, daß man es beim ersten Lesen glatt übersieht. Für Bernd Hammers »Schwärmerseele« (S. 187) bedeutet diese Konfrontation mit der harten Wirklichkeit eigentlich eine Katastrophe – blitzrasch beginnt es aber in ihm zu arbeiten: Die Verdrängungsmaschinerie läuft auf Hochtouren, dem Leser entdeckt sie gleichzeitig Hammers wahres Dilemma. Seine schon vorher vorhandene Sehnsucht wurde erst beim Anblick von »MOSCH« übertragen auf die reale Person Annemarie Mosch. Sein ganzes Bestreben gilt von jeher einem überpersönlichen Idealbild, die Jagd darauf war es auch, die ihn nach Italien verschlug. Dabei entpuppt er sich als kompromißloser Romantiker. Nicht die Erfüllung, Erlösung, der Besitz einer seligmachenden Wahrheit ist es, was Hammer anstrebt, er will leidend anbeten. Wäre es nicht schon so abgegriffen, könnte man sagen: Der Weg ist für Bernd Hammer bereits das Ziel.

Was er in Wahrheit assoziiert mit dem Namen Annemarie, liefert den strukturbildenden Motivkomplex des Buches: »MOSCH stand auf dem Tempelsockel« (S. 23), Hammers Hotel trägt den Namen »Goldenes Lamm«, ein Dom heißt laut Stadtplan »Santa Maria Maggiore«, Horst Tempes erzählt von einem vergangenen Weihnachtsfest in einem Kuhstall, auf Stroh mit Kühen, dabei war auch eine junge Mutter (S. 292). Im weiteren Verlauf des Romans wird sich Bernd Hammer seines praktizierten Marien-/Madonnenkultes bewußt: »(...) Annemarie war ja Tochter und Mutter simultan. Außerdem vorgestern (d.h. in der Romanchronologie an Mariae Himmelfahrt, M.B.) schon in den Himmel aszendiert« (S. 341). In Maria, der Muttergottes, wurde (und wird noch heute besonders in Italien, seit altersher das gelobte Land von Kunst und Sehnsucht) die Frau als Vertreterin von Mutter- und Menschenliebe verehrt. Sie war die große Fürbitterin, die einzige Verbindung zwischen Gott und den Menschen, die Dienende und Herrschende in Personalunion. Was im Innersten von Bernd Hammer wirklich vor sich geht, beschreibt am besten ein Gedicht von Novalis: »Ich sehe dich in tausend Bildern, / Maria, lieblich ausgedrückt, / doch keins von allen kann dich schildern, / Wie meine Seele dich erblickt. / (...) /.«[10] In diesem Zusammenhang werden nun auch weitere Begriffe eher deutlich, so z.B. »(...) Tilgung (...), Sühne für die Sündenschuld an der Dolce Madonna« (S. 294), oder das im Paar auftretende »(...) Abbitte (...) Reue (...)« (S. 263), christliche Zentralbegriffe also, die erst in Verbindung mit dem Marienkomplex ihre wahre Bedeutung entfalten.[11] In Hammer versucht sich, offenbar völlig selbständig und unabhängig vom Rest der Persönlichkeit und des Charakters, ein religiöses Grundbedürfnis zu artikulieren, dessen er sich vorher nie bewußt war. Die katholische Kirche war schon immer wie geschaffen für Romantiker: Schwäche, kombiniert mit Sinnlichkeit und einer ungeheuren Reizbarkeit und Erregungsfähigkeit machen anfällig für den symbolüberladenen Katholizismus. Dazu kommt erschwerend die Lust besonders der Deutschen, einem möglichst großen Verein mit weit zurückreichender Tradition und einem bedeutenden Mitgliederstamm anzugehören.[12] In früheren Zeiten war für viele Romantiker, sofern sie nicht in eine Kirche hineingeboren wurden, der Anschluß an diese weltweit wirksame und außerordentlich mächtige Institution eine reine Verzweiflungstat, weil letzter Rettungsversuch, was die Vielzahl der romantischen Konvertiten beweist. Sie hatten Angst vor dem Leben, weil sie fühlten, daß sie alleine auf sich gestellt völlig hilflos waren – Ausnahmen bestätigen die Regel. Ein weiterer, wichtiger Grund für das Unterkriechen war die Möglichkeit der Beichte. Viele äußerten sich begeistert über diese neue Erfahrung der Absolution, ein grundsätzlich schlechtes Gewissen aufgrund der vermeintlichen Nutzlosigkeit der eigenen Person war weit verbreitet. Nietzsche macht sich in seiner »Ersten Unzeitgemäßen Betrachtung« über diesen wahren Religionswahn lustig, nennt ihn »Schleiermacherei«. Einen Ersatz für Kirche, nicht für Religion, boten auch die zahllosen romantischen Gesellschaften, Salons, literarischen Zirkel und sonstigen Zusammenschlüsse der Romantiker. Allen gemeinsam war das Bedürfnis nach Gemeinschaft in einer Gruppe gleichgesinnter und ebenbürtiger Freunde. Die Angst vor Einsamkeit und Isolation war die Ursache dieser Flucht in die Gemeinschaft. Friedrich Schlegel betonte unermüdlich, daß die Freunde sich zusammentun und eine unsichtbare Kirche bilden müßten. Die Künstler sollten eine Hanse gründen wie die Kaufleute im Mittelalter. Ohne seine Freunde glaubte er nichts leisten zu können, mit ihnen alles. Tatsächlich gelang es den Brüdern Schlegel, im »Athenaeum«[13] zusammen u.a. mit Novalis, Tieck und Schleiermacher den Keim zu legen zu allem, was die Romantik bringen sollte.

All dies trifft in gewissem Sinne auch auf Bernd Hammer zu. Mit einer Kirche allerdings, deren Oberhaupt auch in der Realität nur dank tatkräftiger Unterstützung der Halbwelt existieren kann, dessen Auftritte an Faschingsumzüge und Kasperletheater (S. 490 f.) erinnern, kann er nichts anfangen – obgleich er von Grund auf religiös ist, freilich auf seine Art: Das Suchen ist sein Gottesdienst; es ist unendlich, betrifft alles und jeden. Irgendetwas in ihm gibt nie Ruhe, plaudert ihm ständig etwas vor, treibt ihn an und immer weiter. In seiner Gier nach neuen Erfahrungen, Einsichten und Gefühlen werden letztendlich selbst Zahnschmerzen nicht nur freudig begrüßt, sondern sogar bejaht ganz im Sinne von Nietzsches amor fati: Verleiht doch die erforderlich gewordene zahnärztliche Behandlung seiner Anwesenheit in Bergamo *zusätzlichen* Sinn und Zweck.

»Das Grundphänomen des Romantischen besteht in dem, was man Gespaltenheit nennen könnte und was vor allem im Verhältnis zum Wort sich geltend macht: es soll etwas gesagt werden, dem man doch auf der anderen Seite sprachliche Uneinholbarkeit vindizieren muß. Emphatisch entzündet sich das Verlangen zu sprechen an dem, was sich sprachlicher Bemächtigung entzieht. Das Sagen aber kann die Enthüllung des Geheimnisses, auf das es sich richtet, nicht leisten, da sie notwendig mit dem Verstummen zusammenfiele.«[14] Bernd Hammer taucht ab ins Unterbewußte der erlebten Rede; innere Monologe, Gedankenfragmente und Trivialitäten[15] rauschen ihm scheinbar unkontrolliert durch den Kopf, veranschaulichen das Hammersche Hirnchaos. Seine schier unerschöpfliche Formulierkraft und die nie nachlassende Freude an ihr nehmen im Verlauf des Romans sogar noch zu – auch eine rückwärts gerichtete Entwicklung wird für kurze Zeit als erregendes Abenteuer, weil völlig neue Erfahrung empfunden. Das Gemisch aus Tierlauten und Menschensprache hilft ihm, bei vollem Bewußtsein seine innere Zerrissenheit erneut ein Stück weit zu überwinden.

Hammers Bewußtseinserweiterung erstreckt sich schließlich auf alle Lebensbereiche, der endgültige Bruch mit allem, was bisher war, ist nicht mehr abzuwenden: »Es ist übrigens nicht schwer zu sehen, daß unsere Zeit eine Zeit der Geburt und des Übergangs zu einer neuen Periode ist. Der

Geist hat mit der bisherigen Welt seines Daseins und Vorstellens gebrochen und steht im Begriffe, es in die Vergangenheit hinab zu versenken, und in der Arbeit seiner Umgestaltung.«[16] Dabei ist er nie in Ruhe, sondern in immer fortschreitender Bewegung. Die vorhergehende Welt wird Schritt für Schritt aufgelöst, »ihr Wanken wird uns durch einzelne Symptome angedeutet; der Leichtsinn wie die Langeweile, die im Bestehenden einreißen, die unbestimmte Ahnung eines Unbekannten sind Vorboten, daß etwas anderes im Anzuge ist«[17]. In Deutschland hatte der Rationalist Hammer nur das unbestimmte Gefühl einer Art Fernweh, Sehnsucht nach einem unbekannten Ziel, gemischt mit einem gehörigen Maß an Langeweile. Der Beruf allein befriedigte ihn schon lange nicht mehr. An Annemarie Mosch hat er sicher all die Jahre nicht mehr gedacht. Seine altmodisch-humanistische Bildung läßt vermuten, daß er unbewußt das romantische Italienbild Eichendorffscher Prägung vor Augen hatte, als er sich zur scheinbar planlosen Reise in den Süden entschloß. Bei der Absicht, einen Aufsatz über D'Annunzio zu schreiben, ist es auch geblieben; offensichtlich handelte es sich nur um eine vordergründige Ausrede zur Rechtfertigung der Reise: »(...) war Hammer freilich aufrichtig, so handelte es sich doch bei all dem um eine bessere Vergnügungsreise nach Italien, (...)« (S. 7). Wo der wahre Mangel lag, was ihn bewog zur Reise, wird in der neuen, fremden Umgebung sehr bald deutlich: Das Gefühl der Einheit von Körper und Geist war ihm völlig abhanden gekommen, er litt ständig unter dieser (bereits erwähnten) inneren Zerrissenheit, einer regelrechten Persönlichkeitsspaltung, die zwar im Unterbewußtsein rumorte und ihm Beschwerden bereitete, ihm aber nie richtig bewußt wurde. In ihr liegt der Grund sowohl seiner Sehnsucht als auch seiner tiefsitzenden Unzufriedenheit, die schon bei der Ankunft am Urlaubsort als erstes unter Kontrolle gebracht wird. Pathetisch, etwa im Stil eines Friedrich Schlegel, könnte man sagen, daß der Bruch mit dem Universum erfahren wurde, sehnsüchtig herbeigewünscht wird eine höhere Synthese der Gegensätze. Hammers massive Bewußtseinserweiterung bringt es mit sich, daß er von Grund auf lernt zu fühlen. Mit den Gefühlen kommt das Wissen, womit die klaffende Lücke in ihm gefüllt werden könnte: mit Liebe. Nicht die Liebe zu Annemarie Mosch, diese diente ihm lediglich als Katalysator. Nichts braucht er zur Erreichung seines großen Zieles weniger als diese Frau. Hammer strebt ein beständiges Lebensgefühl an, das dem einer alles umfassenden Liebe nahe verwandt ist, eine alles in sich aufnehmende Humanität. Unmittelbar vor der glücklichen Beendigung seines Italien-Abenteuers ist er sogar bereit, selbst den Frankfurter Professor ein wenig zu lieben, zumindest spricht er ihm eine gewisse Existenzberechtigung nicht pauschal ab. Er möchte einen harmonischen Zustand erreichen zwischen Herz und Hirn, Mensch und Natur, Endlichem und Grenzenlosem. Ein auf Kassette gespeicherter Tango übernimmt für einige Zeit die Rolle der scheinbar geliebten Frau. Musik wird für ihn zur stetig sprudelnden Quelle aller Sehnsucht. Auch sie bringt Hammer auf seinem Weg ein gutes Stück weiter, dient der Tango doch als Träger transzendenter Formen nach dem Prinzip des pars pro toto: Dem Komponisten/Texter ist es gelungen, Erfahrungen mit Hilfe der Musik auszudrücken, die nicht oder nur sehr schwer in Begriffe gepreßt werden können. Der Hörer, Hammer, erkennt sich und seine Situation wieder. Indem er seine Sehnsucht ausgedrückt findet, ist sie auch schon teilweise gebannt. War sie negativ und zerstörerisch, wurde sie im Symbol schön und positiv. Die romantische Idee der Selbstauflösung des Negativen findet hier nebenbei ihren zeitgemäßen Ausdruck. Die Musik hilft Hammer, die Bewußtheit seiner Gefühle zu steigern – Notlagen sind beschreibbar, ebenso die Ursachen angenehmer Zustände: Es können dementsprechende Vorkehrungen getroffen werden, er ist den Gefühlen nicht länger hilflos ausgeliefert.

Bernd Hammer ist unterwegs, das Antizipierte zu verwirklichen. Er ist nun in der Lage, Gegensätze und Spaltungen seines Ichs entweder zu überbrücken, sehr gut mit ihnen zu leben, oder sie sogar zu synthetisieren. Am vorläufigen Ende seiner Entwicklung bringt er der Inschrift »MOSCH« »interesseloses Wohlgefallen« (S. 444) entgegen, sie berührt ihn nicht mehr, Frau und Inschrift haben ihren Zweck erfüllt und somit ausgedient. Nach Kants 3. Kritik ist alle ästhetische Beurteilung allgemeingültig, sie bleibt aber beim Einzelobjekt, als einem Muster oder Vorbild, stehen, ohne allgemein begriffliche Regeln aufzustellen: Sie ist daher eine Sache der Urteilskraft, *nicht* des Verstandes oder der Vernunft. Hier schließt sich der Kreis zwischen Hammers ständigen Herzattacken, die fast nie unangenehm, sondern viel eher hochinteressant sind, und dem oben eingeführten Begriff einer »Logik des Herzens«: Es geht um bedeutend mehr als um rational zu lösende Probleme. Herzensangelegenheiten sollen geklärt werden, vor denen der sonst so überlegene Verstand nicht nur hilflos die Waffen strecken muß, er ist nicht einmal in der Lage, sie überhaupt zu erkennen. Es zeigt sich die zentrale Weisheit des Fühlens gegenüber der im Kopf wohnenden Weisheit des Denkens; beide sind Intelligenz, aber das Herz bedeutet zudem Mitleid.

Auf einer zweiten Ebene ist Bernd Hammers Geschichte außerdem die Geschichte des Selbstbewußtseins in ihren mit innerer Notwendigkeit aufeinander folgenden Entwicklungsstufen: Um nicht in einem ungelösten Widerspruch stehenzubleiben, muß Hammers ›Geist‹ vom Bewußtsein zum Selbstbewußtsein, zur Vernunft, zum sittlichen Geist, zu Kunst und Religion, endlich zum absoluten Wissen übergehen. In groben Zügen ist dies nicht nur der Aufbau von Henscheids »Dolce Madonna Bionda«, auch Hegel hielt sich in seiner »Phänomenologie des Geistes« an dieses Schema.

Eckhard Henscheid ist es gelungen, ein Buch über Gefühle und Sentimentalität zu schreiben, ohne selbst diesem gefährlichen Stoff zu verfallen. Trotz aller Sympathie für Bernd Hammer wahrt er doch immer die Distanz, die große Kunst des Autors besteht genau in diesem durchgängigen Über-dem-Roman-Schweben. Beginnt Hammer beispielsweise wirklich, »schwersentimental« zu werden, weinerlich ist er trotz der vielen Tränen nie, fährt ihm Henscheid liebevoll, aber mit aller ihm zu Gebote stehenden Macht in die Parade: Er läßt keinen Zweifel daran, wer Herr im Haus ist, nie gibt er das

Heft aus der Hand. *Romantische Ironie* ist das Mittel, welches hier so virtuos eingesetzt wird. Friedrich Schlegel bezeichnet diese ironische Präsenz des Autors als das Mimische, neben dem Phantastischen und Sentimentalen *der* entscheidende Faktor des romantischen Kunstwerkes.[18] Er kennzeichnet Ironie als »Stimmung, welche alles übersieht, und sich über alles Bedingte unendlich erhebt«[19], sogar über »unsere eigne Liebe«[20]. Entscheidend ist der freie Spielraum zwischen »Selbstschöpfung und Selbstvernichtung«[21]. Ohne diesen geht der Sinn verloren für die Einheit und das Unendliche, für Mensch und Weltall. Aus dieser Perspektive betrachtet, ist ›Romantische Ironie‹ nichts anderes als ein gigantisches, transzendentales Spiel.

Und Eckhard Henscheid spielt: Thomas Manns »guter Russentisch« (S. 432) wird spielerisch ebenso verwurstelt wie Ror Wolfs »Pilzer und Pelzer« (S. 358). Mit ins nahezu enzyklopädische Unternehmen werden aber nicht nur die klassischen Romantiker von Novalis bis Eichendorff genommen, auch F.W. Bernstein und Hans Wollschläger finden lobend Erwähnung, vor sich selbst macht der Autor auch nicht halt (S. 298). Friedrich Schlegels Begriff der »progressiven Universalpoesie« geistert ebenso durch den Roman wie die fast schon zu berühmt gewordene Forderung des Novalis, die man als *Programm für Henscheids Romankunst* insgesamt lesen kann: »105. Die Welt muß romantisirt werden. So findet man den urspr/ünglichen/ Sinn wieder. (...) Indem ich dem Gemeinen einen hohen Sinn, (...) dem Endlichen einen Unendlichen Schein gebe so romantisire ich es – Umgekehrt ist die Operation für das Höhere, Unbekannte, Mystische, Unendliche – dies wird durch diese Verknüpfung logarythmisirt – Es bekommt einen geläufigen Ausdruck. (...)«[22]

---

Henscheid, Eckhard: »Dolce Madonna Bionda«, Zürich 1983. (Zitate werden im Text durch die Seitenzahl in Klammern nachgewiesen.) – 1 Henscheid, Eckhard: »Ein Schranze«, in: »Frau Killermann greift ein«, Zürich 1985, S. 240. – 2 Novalis: Historisch-kritische Ausgabe (HKA), hg. v. Paul Kluckhohn u. Richard Samuel, 5 Bde., Stuttgart 1960 ff., HKA, Bd. III, S. 640. – 3 »Athenaeum«, hg. v. F. u. A.W. Schlegel, Berlin 1798–1800, Nr. 388. – 4 HKA, Bd. II, S. 417 f. – 5 Joël, Karl: »Nietzsche und die Romantik«, Jena, Leipzig 1905. (Zur bisher sträflich vernachlässigten engen Verwandtschaft zwischen F.N. und den Romantikern.) – 6 Nietzsche, Friedrich: »Ecce homo«, Frankfurt/M. 1979, S. 81. – 7 Huch, Ricarda: »Die Blütezeit der Romantik«, 1899; »Ausbreitung und Verfall der Romantik«, 1902; Nachdruck in einem Band, Reinbek 1985. – 8 F. Schlegel in einem Brief an A.W. Schlegel v. 24.2.1794. – 9 S. Anm. 1. – 10 HKA, Bd. I, S. 177. – 11 Zu diesem Themenkomplex: Stuber, Manfred: »Die wiedergewonnene Naivität des katholischen Kindheit«. In: »Mittelbayerische Zeitung«, Regensburg, 14./15.1.1989. – 12 S. Anm. 7. – 13 S. Anm. 3. – 14 Bohn, Volker (Hg.): »Romantik. Literatur und Philosophie«, Frankfurt/M. 1987, S. 13 f. – 15 S. Anm. 1. – 16 Hegel, G.W.F.: »Phänomenologie des Geistes«, Frankfurt/M. 1986, S. 18 (Vorrede). – 17 Ebd. – 18 Kritische Friedrich Schlegel Ausgabe (KA), hg. v. Ernst Behler (u.a.), 35 Bde., Paderborn, Darmstadt, Zürich 1958 ff. Zitat z.B. KA, Bd. II, S. 333. – 19 Reichardt, Johann Friedrich (Hg.): »Lyceum der schönen Künste«, 1797, Nr. 42. – 20 KA, Bd. II, S. 131. – 21 »Athenaeum«, Berlin, 1798, S. 14. – 22 HKA, Bd. II, S. 545. – Außerdem wurden benutzt: Bohrer, Karl Heinz: »Die Kritik der Romantik«, Frankfurt/M. [1]1989. Wackenroder, Wilhelm Heinrich / Tieck, Ludwig: »Herzensergießungen eines kunstliebenden Klosterbruders«, 1796, anonym ersch. Mein Motto lautet in der Übersetzung: »Da man so wenig schöne weibliche Bildungen sieht, so halte ich mich an ein gewisses Bild im Geiste, welches in meine Seele kommt.« (Zit. nach: Stuttgart 1987, S. 9.)

Klaus Modick

# Kirchlein und Kätzchen

Anmerkungen zur Idylle »Maria Schnee« –
nebst einigen Begründungen, warum in Eckhard Henscheids Prosa
»mitnichten alles Unsinn« ist

> »Ausgereifte Köpfe (...) lieben die Wahrheit auch in dem, wo sie schlicht und einfältig erscheint und dem gewöhnlichen Menschen Langeweile macht, weil sie gemerkt haben, daß die Wahrheit das Höchste an Geist, was sie besitzt, mit der Miene der Einfalt zu sagen pflegt.«
> Friedrich Nietzsche

Seiner 1987 erschienenen Sammlung (zumeist) satirischer Glossen und kurzer Prosastücke, »Sudelblätter«, hat Eckhard Henscheid ein Zitat Jean Pauls als Motto vorangestellt: »Satire wohnt in meiner Feder, nicht auf meiner Zunge, nie in meinem Herzen.« Doch in Henscheids folgendem Werk »Maria Schnee« wohnt die Satire nicht einmal mehr in der Feder des Autors. Satire nämlich endet dort, wo sympathetisches Verständnis für die Dinge und Menschen beginnt und eine gewissermaßen leidenschaftslose Liebe ihr mildes, gleichwohl klares Licht auf die Gegenstände wirft, die in der Satire sonst grell und verzerrt ausgeleuchtet werden. »Eine Idylle« lautet dann auch sehr treffend die Gattungsbezeichnung von »Maria Schnee«, und diese Gattungsbezeichnung hat keinerlei satirischen Einschlag, jedoch, wie sich zeigen wird, eine romantisch-ironische Färbung – freilich sabotiert diese Ironie die, wenn man so noch sagen kann: zutiefst anrührende Dimension des Werks in keiner Weise.

Erzählt werden eineinhalb Tage im Leben Hermanns, eines etwa vierzigjährigen »Durchreisenden«, der im fränkisch-bayerischen Hinterland für eine Nacht in einem weltvergessenen Gasthaus Quartier nimmt. Hermann, über dessen Herkunft und Ziel man ebenso wenig erfährt wie über seine Profession, ist ein still-schlichter, bescheidener, an Herzrhythmusstörungen leidender, alleinstehender Mensch mit eher kleinen Sorgen, deren größte noch dem Abschneiden des 1. FC Nürnberg in der Fußballbundesliga gilt. Diese Figur ist eine weitere Inkarnation des »Typus des Arglosen, von einer ihm nicht verständlichen Welt unangemessen Verschreckten«, der – Brigitte Kronauer hat in ihrer Kritik des Werks in der »Frankfurter Rundschau« darauf verwiesen – »abschattiert bereits in allen früheren Romanen Henscheids« auftaucht.

Hermann ist ein sehr genauer, offenbar aus Ängstlichkeit fast übergenauer

Beobachter seiner Umwelt, deren Regungen und Bewegungen er registriert, ohne freilich irgendwelche moralischen oder sonst wertenden Schlüsse daraus abzuleiten. Henscheid leiht sich, indem er die Erzählperspektive ausschließlich an die Wahrnehmungen Hermanns bindet, den naiv-unschuldigen, jedenfalls »ungebildeten« und also unverbildeten Blick dieser Gestalt und schärft ihn, ohne als organisierender Autor selbst in Erscheinung zu treten, durch seine eigene Beobachtungsgabe. Für den Leser kommt dies Verfahren der unaufdringlichen Aufforderung gleich »zum eingehenden, rabiat unbegrifflichen Betrachten der Dinge als Basis der Wirklichkeitserfassung« (Brigitte Kronauer).

Henscheids hochsubtile Beobachtungsgabe, eine Wahrnehmungserotik ohne Erregung, eine merk-würdige Form der In-Brunst also, wird hier wie in allen anderen Werken des Autors vorgetragen in jener sprachfinderischen und auch -erfinderischen Virtuosität, die eher an Brigitte Kronauer oder Ror Wolf erinnert als etwa an Robert Gernhardt, mit dem Henscheid – weil beide ja ›so komisch‹ sind – immer wieder in den einen Satiretopf geworfen worden ist. Von der Kritik viel zu lange als »Oberspaßmacher der Nation« (Jörg Drews), »muntere Ulknudel« (Joachim Kaiser), »als unbändiger Witzbold« (Jürgen Jacobs), gar als »Klamaukschriftsteller« (Gert Ueding) mißachtet und grob mißverstanden, versteht es dieser Autor wie kein anderer zeitgenössischer Schriftsteller in Deutschland, der Trostlosigkeit deutscher Provinz auf Maul und Sprache, in Herz und verkitschtes bzw. naives Gemüt zu blicken. »Oh, wie trostlos sind die kleinen deutschen Städte!« – Dostojewskis Stoßseufzer aus »Der Spieler«, den Henscheid als Motto einem der Prosastücke voranstellte, die der Band »Die drei Müllerssöhne« von 1989 versammelt, gibt nicht nur diesen Glossen, Märchen und Erzählungen ein Leitmotiv; er ist vielmehr auch eines der Kraftzentren, die Henscheids Werk im Ganzen organisieren. Die satirische Kritik an dieser Trostlosigkeit, die vor allem noch sehr wesentlich die beiden ersten Romane der »Trilogie des laufenden Schwachsinns« bestimmte und die zahlreichen Glossen und Polemiken noch immer bestimmt, ist jedoch seit dem Roman »Die Mätresse des Bischofs« von 1978 einer Perspektivik gewichen, die in eben dieser Trostlosigkeit Trost sucht – und zwar mit dem allergrößten Ernst.

Es sind nämlich Henscheids ›Helden‹ die sprichwörtlich kleinen Leute, die erzbanalen Jedermanns, deren Lebens-, Liebes- und Wahrnehmungswirklichkeit beim Wort genommen wird, auf eine sympathetisch-subtile, dennoch durchaus nicht identifikatorische Weise, aus der eine fast schon religiöse Humanität spricht. Wie Thomas Mann exemplarisch Denk- und Verhaltensstrukturen des Bildungs- und Großbürgertums formulierte und seine Kritik am Dargestellten durch Ironie transportierte, so erscheinen in Eckhard Henscheids Werken phänotypisch die Verhaltens-, besonders aber auch Sprachmuster provinzieller Kleinbürgerlichkeit im ausgehenden 20. Jahrhundert – eine vom Verschwinden bedrohte Lebenswirklichkeit, die Henscheid im Verschwinden aufspürt und zu einer Apotheose der Unschuld verdichtet.

Es besteht ein Unterschied ums Ganze zwischen einer kleinbürgerlichen

Darstellung und der Darstellung des Kleinbürgerlichen, zwischen verwirrter Darstellung und der des Verwirrten – auf die Großartigkeit von Sujets kommt es in der Literatur jedenfalls nie und nirgends an, um ästhetische Relevanz zu erzeugen. Henscheids Darstellung des kleinbürgerlichen, provinziellen Milieus und der darin umgehenden Sprachverwirrung hat sich sehr konsequent auf den vorläufigen Höhepunkt der Idylle »Maria Schnee« zubewegt. Dabei hat der Autor eine beispiellose Meisterschaft entwickelt, im Kleinsten, Entlegensten, auch Verachtetsten poetisch zu extrapolieren. Wie gerade die Unentrinnbarkeit provinzieller Verödung und die scheinbare Unmöglichkeit, sie überhaupt zu poetisieren, zum Gegenstand eines hochliterarischen Textes werden kann, zeigt das Ror Wolf gewidmete kurze Prosastück »Zornheim« aus »Die drei Müllerssöhne«: Ein ereignisloser Lebenszusammenhang wird zum literarischen Ereignis, aber nicht kraft äußerer Handlung, sondern durch ein radikales Insistieren auf der Merkwürdigkeit des Wortmaterials als solchem, aus dem überraschend Leben geschlagen wird; gerade auch das depravierteste, zu Slang, Klischee oder Verkehrsregelungs-Kürzel verkommene Wort bekommt in diesem Zugriff eine neue Dignität. Henscheid kritisiert Sprache, weil es ihm um die Rettung der Sprache zu tun ist.

Distanz zu seinen in der Tat gelegentlich schrecklich und erschreckend banalen Gegenständen und Typen schafft Henscheid *auch* durch Satire, durch die aberwitzige Verdichtung trübster Halbbildung und dümmster Stammtischrede zu sich selbst entlarvenden, sich gleichsam selbst zerstörenden Sprachmodellen. Aber das ästhetische Verfahren Henscheids ist in seinen wichtigeren Texten eben *nicht* satirisch, durchaus nicht komisch und schon gar nicht blödelnd, sondern vielmehr das Resultat eines fein- und nahblickenden, mikroskopischen Realismus, der den oft leidvollen Verstrickungen und Verzerrungen seiner Protagonisten auf den Grund geht.

In diesem Sinn dient Hermann aus »Maria Schnee« dem Autor als eine Art Mikroskop, mit dessen Hilfe er eine abseitige und anachronistische Welt vorführt, in der das Abreißen des täglichen Kalenderblatts noch Ereignis ist – wie überhaupt das Ereigniswerden des Unzulänglichen eines der Hauptthemen in Henscheids Werken bildet. Die vom Verschwinden bedrohte Welt in »Maria Schnee«, bedroht vom nivellierenden Gleichschritt einer Global›kultur‹, bliebe ohne das Mikroskop der Wahrnehmungsweise Hermanns lediglich eine Provinzkneipe mit hinterwäldlerischer Klientel, an der man als »aufgeklärter Intellektueller« schleunigst vorbeiführe.

Wie es aber nun Henscheid gelingt, unter fast völligem Verzicht auf äußere Handlung und dramatische Spannungseffekte auf den Dielenbrettern dieser trüben Herberge ein kleines Welttheater zu inszenieren, ist schlicht virtuos. Erzählung und Erzähltes sind nahezu synchron geschaltet, wodurch im Leser der Eindruck des Dabeiseins unmittelbar, fast unausweichlich wird. Zugleich wird der Text, wie Brigitte Kronauer angemerkt hat, durch »die individuellaltertümliche Sprache der Berichterstattung ausdrücklich vom Leser abgerückt«, trifft ihn aber zugleich »über die doch hartnäckig auf Distanz pochenden Maßnahmen hinweg immer neu mitten ins Herz der eigenen, aufgestöberten Kindlichkeit.« Das Unscheinbare, normalerweise Übersehene, das Nicht-Repräsentative schlechthin, kleine bis winzige und scheinbar banale Dinge und Gesten eines im stillen Gleichmaß fließenden Alltags, bekommen in dieser zweiten Naivität eine Dimension unerhörter Spannung. Zwar gibt es auch einen Plot, besser: eine Pointe der Handlung, die aber so ungewöhnlich, so rührend, zugleich freilich auch poetisch folgerichtig ist, daß sie keine Kritik, kein Essay verraten sollte. Es fällt bei Durchsicht der zu »Maria Schnee« erschienenen Rezensionen auf, daß jene Kritiker, die hier nach wie vor auf der Suche nach Satire und höherem Blödsinn waren und herb enttäuscht wurden, ihrer Enttäuschung dadurch Luft machten, daß sie eben diese Pointe hinausposaunten. Erst am Schluß der Idylle bemerkt man, daß auf diese hingetupfte Pointe jedes Detail des Textes hinleitet, wodurch das Buch dann retrospektiv einen ›zweiten Sog‹ bekommt. In diesem Verfahren erinnert »Maria Schnee« an gewisse Erzählungen Stifters mit ihrer Technik des ›gewaltsamen‹ Endes, mehr aber noch an die Dorfgeschichten Hebels in ihrer undramatischen Spannung.

Henscheid schildert nun aber nicht nur, *was* Hermann sieht und erfährt, sondern zugleich, *wie* er sieht und erfährt. Diese Aufschlüsselung einer Wahrnehmungsstruktur vollzieht sich nicht durch kommentierende Eingriffe eines allwissenden Erzählers, sondern einzig in syntaktischen (seltener semantischen) Verschiebungen der Sprache: Ist man anfangs wegen diverser ›Regelverstöße‹ gegen das satzbaumäßig grammatisch Korrekte irritiert, erweist sich dieses Verfahren schnell als probater und erzähltechnisch äußerst delikater Kunstgriff, den Wahrnehmungsablauf des ›Helden‹ nicht bloß zu behaupten oder zu schildern, sondern in den Sätzen selbst zu *zeigen*. Diese enge Anschmiegung der Sprache an das Verhalten und Denken der dargestellten Figur rhythmisiert einerseits die Syntax zu einer retardierendzögernden Bewegung, die ihrem Gegenstand entspricht; zugleich läßt sie von vorneherein keinen Spalt mehr zwischen Figur und Autor, durch den der Satiregroschen klimpern könnte. Satire setzt ja stets Distanz zu ihrem Gegenstand voraus, ihre Sprache ist notwendig nicht-identisch mit dem Bezugspunkt. Demgegenüber hat Henscheid in »Maria Schnee« eine Technik des inneren Monologs entwickelt, der dennoch in der dritten Person Singular erzählt wird.

Die Erzählung »Große Wut« aus »Die drei Müllerssöhne« ist inhaltlich wie erzähltechnisch unmittelbar mit »Maria Schnee« verwandt. Der Erzähler hat sich nahezu restlos dem Sprach- und Denkduktus seiner Figur amalgamiert, um ihn doch in dezenter Unsichtbarkeit zu lenken. »Große Wut« ist das Protokoll eines unvollständig und ungeordnet ins Bewußtsein drängenden Minderwertigkeitsgefühls gegenüber einem dominierenden Freund. Die traurige Unsicherheit des Protagonisten steigert sich in eine Erregung, »die, so naturhaft, naturgewachsen echt sie zuletzt im Selbstgespräch ausgebrochen war, selbstverständlich auch ihr – Albernes, ihr Lächerliches hatte«. Genau dies aber beschreibt die Methode, mit der Henscheid das in seiner

Prosa wahrhaftig Komische konstruiert – nein, nicht konstruiert, sondern in Erscheinung treten läßt. Er treibt keine Scherze mit seinen Figuren, liefert sie nicht wohlfeilen Gags aus, sondern ihre oft unfreiwillige Komik, ihre ins Stolpern gekommene Naivität, ist der Trostlosigkeit ihres Daseins abgelauscht.

Eckhard Henscheids Modernität, in dieser Hinsicht wohl auch mit Fug: Postmodernität, beruht unter anderem darauf, daß er die Kunst des Anklangs an literarische Traditionen perfektioniert hat. Es gibt kaum einen Text von ihm, und in manchen Texten kaum einen Satz, der sich nicht, wie auch immer ironisch bis satirisch gebrochen, auf andere Literatur bezöge. Und manche Texte machen diese radikale Intertextualität zum eigentlichen Thema: »Paul de Kock«, eine Glosse über das Fortleben von Literatur in Literatur zum Beispiel, oder auch »Der Herr Korbes«, ein aus Märchenwendungen montiertes, absurdes Meta-Märchen. In diesem produktiven Umgang mit literarischen Vorläufern, aber auch Zeitgenossen, ähnelt Henscheid – die Differenzen einmal ausgeblendet – durchaus Arno Schmidt, zumal er wie dieser mit selbstreferenziellen Querverweisen nicht geizt. In den offenen oder auch kryptischen Verklammerungen zwischen scheinbar disparaten Texten wird deutlich, wie kohärent das Werk dieses Autors ist.

Auch »Maria Schnee« spielt mehrfach mit Rückverweisen auf frühere Werke Henscheids; ein zentraleres Motiv des Buchs läßt sich allerdings als »Rückblick ins 19. Jahrhundert« bezeichnen, formal wie inhaltlich. Ein Rückblick allerdings, der mit nostalgischer Verklärung gar nichts zu tun hat, sondern mit modernsten literarischen Mitteln konstruiert ist und auch auf dieser Ebene einlöst, was Schiller der Gattung Idylle abverlangte: etwas Nicht-Nostalgisches, Vorwärtsweisendes. Wie Echos einer versunkenen Welt klingen im lebenden und toten Inventar des Gasthauses und seines dörflichen Umfelds beschädigte Erinnerungen an eine verlorene und nie rekonstruierbare Harmonie herüber. Das längst zum Klischee abgesunkene Vorstellungsmaterial der Romantik bekommt dadurch, daß Henscheid es an die freundliche Arglosigkeit Hermanns koppelt, eine Art letzter Bewährungschance, noch einmal zu »rühren«, zu »erheben«, zu »lösen« – und sei es nur »ein schlichtes Herz«.

Die Beschreibung der Sommernacht, in die Hermann hinauswandert, lebt aus dem Geist der Romantik; sie ist aber nicht zusammenzitiert, sondern entspricht durchaus und genau dem anachronistischen Empfindungspotential Hermanns – ein Anachronismus, in dem sich das uneingelöste Glücksversprechen der Romantik verbirgt. »Wohl im Westen schwand hinter rötlich angehauchtem Wald das letzte Scheibenstück der Sonne, schon hoch droben schwebte rund der Mond und prächtig. Ein paar Stauden und Sträucher nach Osten zu sahen traulich aus wie Scherenschnitte, vor des Abends schöner Röte. Traurig stimmte Hermann das Dunkelgrün des Klees. Hermann las einen großen dicken Heuhüpfer von der Straße auf und setzte ihn in die Weggrasböschung. Fern war ein Martinshorn zu hören. Schon verhallte es auch wieder.« Kein Posthorn mehr, ein Martinshorn, in dem gleichsam das

Echo des 19. Jahrhunderts aufklingt und zugleich verhallt. Henscheid schreibt »Martinshorn«, wo er auch roh »Polizeisirene« schreiben könnte, und damit stellt er die schwebende Haltung des Textes wieder her. Subtiler geht's nicht.

Satirisch sind diese Landschafts- und Naturbeschreibungen im Zentrum von »Maria Schnee« auf gar keinen Fall. Sie sind allerdings ironisch, wie die Romantik selbst ironisch war. In der bereits erwähnten Erzählung »Große Wut« hat Henscheid den Zusammenhang zwischen romantischer Empfindung, Ironie und deren lösender Kraft, noch deutlicher dargestellt. »Schon im kräfteraubenden Geschwindschritt, ohne sich noch bremsen zu können, passierte Oskar den großen romantischen Hirtenfelsen des Siebenquellentals. Letzte Schneereste bargen schmutzig sich in seinen kleinen Schründen. *Etwas wie ein Abglanz allerletzten Sonnenschimmers* war von irgendwoher durch die Wolken gekrochen, spazierte *freundlich lindernd* über Oskars von wildem Weh ergriffene Augen hin.« (Hervorhebungen von mir) Die Reste romantischer Empfindung und Wahrnehmung also, die in den stummen Dingen aufscheinen, sind Trost in der Trostlosigkeit des Daseins. Etwas später »nahm Oskar davon Notiz, wie sein aufgeschichteter Groll, seine Wut, sein Druck am Herzen und an der Lunge auch, jetzt, *kaum hatte er sich derart selbst ironisiert,* sofort deutlich nachließ, der schon eingefressene Schmerz spürbar einschrumpfte und sich löste. Ins Weite öffnete sich die Landschaft. Der Blick fiel sehr frei auf große Wälder, blau bläuliche Wäldereien, die dunstig überm Horizont verflossen.«

Neben Ironie und Naturschönheit sind es in »Maria Schnee« zwei weitere Motive, die trösten. Henscheids einsamer Hermann hat einige Begegnungen mit Tieren, Begegnungen, deren liebevolle Intensität zum sinnlosen Aneinandervorbeireden der Menschen in Kontrast steht und dies erst recht als Gemurmel der großen Leere entlarvt. Die stumme Kommunikation mit Tieren weist zurück auf die Schlußsätze von Henscheids Kafka-Erzählung »Roßmann, Roßmann ...« von 1982. Dort heißt es: »(...) das Kätzchen sah ihn stärkend nochmals an mit Nachdruck. Da fühlte Karl es und wußte es, daß dies mitnichten alles Unsinn sei und als ein Unsinn rasch vergänglich, in Nichts und Staub ja schon zerfalle; sondern das Erz der reinen Wahrheit.« Hermann in »Maria Schnee« besucht auf seinem nächtlichen Gang eine Kirche: »Die Kirchtür war mit einem Vorhängeschloß versperrt. Es war eine Flügeltür. In ihrem rechten Teil hatte man ein Guckfenster eingelassen, welches lediglich mit etwas schmiedeeisernem Zierrat nochmals abgesichert war. Hermann entzündete ein Streichholz, um hineinzuschauen. Im Dunkel war nichts zu erkennen.« Im Dunkel war nichts zu erkennen! Eine ebenso lakonische wie dezent vernichtende Aussage über die Tröstungskraft von Religion heute. Aber Henscheid verknüpft nun das Kirchenmotiv mit dem des Kätzchens: »Aus der etwas größeren Entfernung sah jetzt das Kirchlein aus wie ein dickes weißes Kätzchen, welches sehr sanftmütig im Grünen lagerte und alles ruhig und wohl besah. Es saß im Gras, als habe es schon immer da gesessen und wollte das auch weiter tun.« Die Katze ähnelt also der verschlossenen Kirche – und umgekehrt. Das heißt nichts anderes, als daß ein Trost, wie ihn die Religion dem Vereinsamten im 19. Jahrhundert noch spenden konnte, heute nur noch das sich selbst nicht-bewußte Lebendige geben kann. Nichts ist wahrer, nichts weniger satirisch, nichts weniger Unsinn als die tiefsinnige Zartheit und zarte Darstellung dieses Zusammenhangs durch Eckhard Henscheid.

Kommunikationslosigkeit, die sich hinterm leeren Geschwätz des Alltags verbirgt, sowie emotionale Vereinsamung: Das sind Henscheids große und gar nicht komische Themen. Nicht zufällig sieht sich Sexualität in diesen Texten häufig auf Onanie verwiesen; die zotige Derbheit, in der das Motiv gelegentlich dargestellt ist, zitiert bloß die Zoten im Kopf derjenigen, die in ihre sexuelle Einsamkeit eingesperrt sind wie in ihre vielwortig-stammelnde Sprachlosigkeit. »Die Postkarte«, eine Geschichte aus »Die drei Müllerssöhne«, erzählt von einem früh verwitweten Mann, der durch die absurd falsche Fährte einer alten Ansichtskarte einen Seitensprung seiner verstorbenen Frau phantasiert, in diesen schwül-erotischen Phantasien jedoch seine Eifersucht und – seine Einsamkeit mit einer Onanieorgie (eine Form trostloser In-Brunst) zu überwinden versucht: »Noch nie, nie, hatte er seine Frau so sehr geliebt wie jetzt. Jetzt, da sie ihm gleichzeitig das schönheiße Fremdgehen vorgaukelte und ihn doch in der Sicherheit beließ, sie würde es ja niemals tun. Und ihm, Herbert, dann dennoch im sanft bewegten Lieben flink ihren schönen Leib darbot. Längst in Fäulnis, in Zersetzung – und doch wie in – Verklärung: wie von innen heraus erleuchtet und verklärt.« Liebe und Tod, Erinnerung und metaphysische Hoffnung haben sich in dieser Erzählung zu psychologisch exakter Prosa verbunden, deren Wahrheitsgehalt ihresgleichen sucht.

Sieht man Henscheid wesentlich als Satiriker (der er gewiß *auch* ist), verkennt man seine außerordentliche Bedeutung in unserer Gegenwartsliteratur. Und das gilt auch für seine frühen Romane, die bislang glatt, vielleicht allzu glatt, als rein satirisch oder humoristisch durchgingen. Rolf Vollmanns Bemerkung zu Jean Paul läßt sich uneingeschränkt auf Eckhard Henscheid übertragen: In den Satiren sieht man den Autor scharfsinnig und aggressiv sich »mit dem abgeben, was die Zeit ihm bietet, aber all dieser Scharfsinn hat gerade das noch nicht, was nicht die Zeit diesem Geist, sondern er allein ihr geben« kann: nämlich sprachlich hochdifferenzierte Studien des vereinsamten Individuums in der zeitgenössischen Gesellschaft, eines Individuums, das vielleicht gar nicht mehr existiert und seine trostlose Isolation in einem nicht abreißenden Schwall verstümmelten Geredes zu kaschieren und zu überwinden versucht.

Frauke Meyer-Gosau

# Cola und Kätzchen
Zu Eckhard Henscheids postmodernem Romantizismus

1

*Bläulich schon wallten die Auen aus gegen den schwärzlichen, doch zartfarbenen Tann, über dessen scharfkantigen Rand, wie stets oder fast immer gegen Abend, letzte Sonnenfarbe in rosigem Gold gegossen war und schließlich doch mitgab allem einen freudigen, aber fröhlichen Schauer ins Nirgendhin. In fülliger Mitte des Blauenden hingegen stak weiß ein Kirchlein, sich stemmend womöglich gegen den himmlischen Dunkelton, welcher ja nicht ablassen wollte, sich ihm überzuzwingen.*

*Dies alles, nebst noch drei munteren Räblein, die das Ambiente gleichwie kreuzten oder zersplzten, war der Leinwand des Malers ein für allemal in stummseliger Einfältigkeit aufgetupft jetzt und mochte so bleiben, ewigkeitsgewärtig durchaus.*

*Letztes Licht stracks sammelte sich auch auf Ludgers ohnedies rötlichem Scheitel, franste aus in Richtung der Haarspitzen. Der aber, zurücktretend wiederum von der wie dreibeinig, dreieinig ragenden Staffelei, ersah sogleich aus dem Fensterchen unvermeidlich das spitzbübische Werk Schnitzlers, des verhaßten Stadtbaurats. Musterlingen mittels gerade einer Fußgängerzone hochpeitschen zu einem Kurbad, was ein Bestreben, was ein Unsinn. Der Maler bedachtsam nun schleckte Spritzerchen von Goldlack von seinem Joppenärmel, schleckte vom Cola sodann und gedachte ein weiteres Mal also Gerdas, ihrer Eigentumswohnung und der Leberwurst, welche ein rotes und liederliches Kätzchen weggeputzt haben wohl mochte in der Zwischenzeit. Schöne, aber friedvolle Stille lagerte um Leinwand und Ludger sich. Nur der zahme, wie geschwängerte Bisamratz durchquerte das Gemach, einhaltend im eifrigen Kantappern vor dem Marienbild in der Ecke freilich. Hier alsbald verzischte er in erwartungsgemäß taktvollem Fiepen.*

*Ein großer aber heißer Tag hinneigte derart sich dem Ende zu.*

2

Glücklicher Ludger, unselige Gerda, unentschiedenes, ach, Schicksal noch des Bisamratzes (der auch durch ein flinkes Eichkätzchen ersetzt werden dürfte, wie die Leber- durch eine Mettwurst, der Cola durch einen Limo). Unter Beibehaltung der maskulinen Artikel und festhaltend an einer bestimmten Satzmelodie, d.h. geringfügig verzerrter Syntax, könnte der erleuchtete, still erwärmte Leser hier selber weiterschreiben, ganz nach seinem Geschmack und ohne Not.

Wie das im einzelnen zu machen wäre, geben die Rezensenten von Henscheids »Maria Schnee« an: Genaueste Beobachtung alltäglicher Realität ist die unbedingte – ja auch offenkundige – Voraussetzung, der sich, in Sprache und Darstellungsobjekten, gewisse Anspielungen auf die Romantik zu gesellen haben: eine feinsinnige Ironie also, die Beseelung der Natur, das Wissen um deren (wie unser aller) Vergänglichkeit und damit schließlich ein unaufdringliches Streben nach Tröstung, ein Hauch von Katholischem. Als Ort der romantisierten Literaturwelt legt dabei die Provinz sich selbst schon nahe – sei diese nun hessischer, italienischer oder alt-/oberfränkischer Natur. Des weiteren, daß den Frauen – wie den Madonnen – eine in gleichem Maße heillose wie heilsversprechende Charakterisierung zukommt, den Tieren aber, als einer Sonderform des Naturschönen, kurzzeitig immer wieder eine Tröstungsfunktion. Dann nämlich, wenn dem zagen Herz-Stück des Erzählens, dem erbarmungswürdig vereinzelten, gleichwohl tragikomischen Männer-Leben, unter Menschen nicht mehr zu helfen ist. Hilfreich dabei, daß die Rezensenten darauf hinweisen, daß eine gewisse Kenntnis der Werke Novalis', Eichendorffs, Hebels, Kafkas, Nietzsches und, fast schämt man sich, ihn eigens auch noch zu nennen, Freuds einer Literarisierung gehobener und erhebender Empfindungen durchaus von Nutzen sein könnte.

Der Autor Henscheid hat sich daran – doch keineswegs sklavisch! – gehalten. Hat sich, in einem Zeitraum von 17 Jahren emsigen Schreibens, von der Satire auf unheldisches Alltagsleben in der BRD-Großstadt, mit einem entwicklungsträchtigen Schlenker nach Italien, schließlich zur zarten Ironisierung der Dumpf- und Dummheiten (süd-)deutscher Provinz vorgearbeitet – immer munter und wie selbstverständlich verzeitgeistigt.

»Maria Schnee« stellt auf diesem Schreib-Weg, wie eine beglückte Kritik feststellte, zugleich einen Höhe- wie einen Endpunkt dar, der den Autor nun selbst in die Reihe der tätigen Ahnen befördert. Der spöttische Possenreißer der Nation – von nun an, sollen wir glauben, ein von tiefem Ernst zu hoher Schönheit getriebener Künstler. Hineingepriesen in den Olymp vor allem für eine Schreib-Art, die als ›postmoderner Romantizismus‹ zu benennen wäre.

3

Früher, ja, früher!

Da schien es noch, als seien »Sinn« und »Zusammenhang« im modernen Erzählen nicht mehr zu stiften – oder vielmehr nur noch zu stiften, nämlich bewußt (und immer ein wenig gewaltsam) zu setzen gegen die subjektive Wahrnehmung einer »sinn«entleerten gesellschaftlichen Realität am Ende des 20. Jahrhunderts. Aus diesem Dilemma hat sich erzählende Literatur in den vergangenen Jahrzehnten immer wieder neue Auswege gesucht, in aufgerissenen Formen, wechselnden Sprachebenen, in der in die Texte selbst hineinverlagerten Reflexion erzählerischer Mittel und Möglichkeiten.

Solcher Quälerei haben die Ideologen der Postmoderne ein Angebot zur Güte gemacht, haben die Techniker der Künste vom Konflikt auf die

Kompilation verwiesen. Wo sonst Kunst alles »Störende«, nicht »Passende« aus dem einzelnen Kunst-Objekt auszugrenzen hatte, um den Eindruck des Schönen, also Genießbaren, zu erzielen oder in der Montage der auseinanderstrebenden Teile letztlich doch noch ein konsumables Kunst-Ganzes zu formieren, enthält der Postmodernismus die Forderung, aus den Waren- und Gebrauchtwarenlagern bisheriger Kunstproduktion sich gefällig zu bedienen – ›Bildung‹ und ›Geschmack‹ einmal vorausgesetzt.

Dieses Recycling-System als Kunstprinzip (»Ich war ein Sonett«) beruht vor allem andren auf der entlastenden Abwesenheit jeglichen Zwanges zur Bewertung (und reflektiert damit die dem Zeitgeist angenehme Zweifelhaftigkeit von gültigen ›Werten‹ und ›Maßstäben‹ in der modernen Gesellschaft), wobei die Ironie der Methode der Zitat-Kunst ebenfalls konstitutiv eingeschrieben ist (»Ich dichte gern«). Keineswegs jedoch ist die Auswahl der einzelnen Elemente, die alsdann zum Kunst-Werk zusammengefügt werden, beliebig – diese müssen sich schon, nicht anders schließlich als in der Montage-Kunst, miteinander in ein insgesamt wieder harmonisches Ganzes setzen lassen. Allerdings hat sich die Bandbreite dessen, was für zusammenpassend gehalten wird, erheblich erweitert – der »thrill« postmoderner Kunst ergibt sich dabei nicht selten aus der Zusammenfügung von eben noch für unvereinbar gehaltenen Elementen und Versatzstücken. Deren Wertigkeit untereinander indes ist gleich: Hierarchien sind anachronistisch, daher dann auch dem Kombinationskünstler allenfalls lachhaft – Nachklänge einer der Ordnungs-Illusion anhängenden Vergangenheit.

## 4

Nach diesen, hier nur im Abriß noch einmal vergegenwärtigten, Grundsätzen ›funktioniert‹ auch Henscheids »Maria Schnee. Eine Idylle« – die Zitatkunst beginnt schon in der Genrebezeichnung. Denn natürlich ist der naive Glaube an die ländlich-provinzielle als die bessere Welt gegenüber dem chaotisierten, dekadenten Stadtleben Henscheids Sache nicht, natürlich ist auf eine »Darstellung unschuldiger und glücklicher Menschheit« (Schiller, Über naive und sentimentalische Dichtung) in der BRD-Provinz der achtziger Jahre so wenig zu rechnen wie auf eine Einheit von Natur und Geist.

Vielmehr scheint alles, was den Blick des passiven, fast nur stumm schauenden Helden Hermann streift, versehrt, verkommen, »kaputt«. Nur – ihm, dem Medium des Autors, scheint's gar nicht so: ihm »scheint« nämlich überhaupt nichts, da alles durch ihn einfach hindurchgeht. Einmal hält sein Wahrnehmungsfilter wohl eine Befangenheit, wohl gar eine Ängstigung fest, ein anderes Mal kann er sich wieder herzlich freuen, aber es ist die Sprache, die dem Leser diese Empfindungen vorturnt (mit nicht geringem ironisch- ›idyllisierendem‹ Aufwand übrigens). Hermann selbst aber hat keine Gefühle. Auf den Kopf, sehr selten nur auf den Leib, müssen sie ihm zugesagt werden, dann, geschwinde, verflüchtigen sie sich wieder, da wieder etwas anderes Hermanns brütende Aufmerksamkeit auf sich gezogen hat:

»Hermann vermochte nicht genau zu erkennen, welcher Tag heute war, der Kalender war zu weit, der Tabaksqualm auch viel zu mächtig. Es mußte Ende Juli sein, vielleicht der letzte Julitag. Etwas weinerlich wurde Hermann zumute, weinerlich und alsgleich übel. Sehr lange dürre Finger hatte der Nachbar ihm zur Rechten. Jemand hatte ihn vorhin Alex genannt.« (153)

So muß es ja aber auch sein, wenn Empfindungen nur noch zu benennen sind – mit dem durchaus vielfältigen Vokabelschatz der literarischen Vorfahren –, zu *haben* aber nicht mehr. Alles Herzklabastern, gezähmtes Erschrecken, kurzzeitiges Wonnegefühl – her- und zusammengelesen, vereinigt auf den friedfertigen Helden, der dergestalt ebenso stillgestellt ist wie seine Umgebung.

Nicht, daß dort nichts geschähe; auch nicht, daß, um eines ›idyllischen‹ Eindrucks willen, die Existenz sozialer, politischer und persönlicher Konflikte verschwiegen würde, ganz im Gegenteil. Denn im Landgasthaus, in dem Hermann Quartier genommen hat und in dessen Schankraum sich der größte Teil der ›Handlung‹ ereignet, trifft der Held auf katastrophische und dubiose Gestalten aller Art, deren wirkliches Sein ihm oft genug rätselhaft bleibt. Da ist an der Hausecke der Mann im blauen Arbeitsanzug postiert, der die Zeiten nicht mehr auseinanderhalten kann und Hermann als Mitglied der Hitlerjugend zu kennen vorgibt. Da sitzt am Gasthaustisch ein von westlichen Behörden wegen seiner Stasi-Tätigkeit Verfolgter, der dennoch an Marxens hehren Thesen über die kapitalistische Gesellschaft festhält und, statt um seine erhebliche Kinderschar bekümmert zu sein, ein Weizenbier nach dem anderen in sich hineinschleckt. Tätowierte gibt es, Bucklige, zu klein Geratene, Arbeitslose, Bettler, Trunkenbolde, eine geschlagene Frau, deren blaugelbgrünes Auge Hermann sich nur als Resultat eines Insektenstichs denken kann, eine andere wiederum, die davon träumt, nach Schweden zu reisen, sowie ein junges Mädchen, das in einer Tragetasche ihren Lebensballast, einen Säugling, mit sich herumschleppt. Dessen möchte sie nur zu gern ledig werden, um auf einem Provinz-Rock-Festival ihren neuesten Freund, den GI John, wiedertreffen zu können.

Diese Runde von Dropouts, Zukurzgekommenen und Verrückten steht unter dem umsichtigen Kommando des beinlahmen, auch sonst schon durch lebensbedrohende Krankheiten aller Art gegangenen Wirtes Hubmaier, wird bedient vom Frl. Anni – das freilich auch schon im Greisenalter steht und übrigens keineswegs ein Fräulein ist, vielmehr Hubmaiers Ehefrau. Eine Großmutter, die gar keine Großmutter ist, sondern ein vor Jahrzehnten bei Hubmaiers hängengebliebenes Faktotum, rundet das Familien-Bild, das, nicht weniger gestört und versehrt als diese, der fluktuierenden (trinkenden, raufenden, sich streitenden, trunken und mittellos am Tisch einschlafenden) Gästeschar gegenübersteht.

Das alles gibt es, wird dem Helden vor Augen geführt, und nimmt sich in einem Rundblick so aus: »Der Kleine drüben brütete. Sonderbar weißes Licht klatschte über den Boden hin. Die Schwedenfrau und der Slowenenschädel konnten es inzwischen anscheinend gut miteinander. Wahrscheinlich redeten sie schlecht über die Dirndlfrau. Deren Hörkraft schien gemindert. Sie saß sehr isoliert am Tisch und rauchte. Alles schien bald schlimm zu kommen. Nach einer Bratwurst verlangte es jetzt Hermann. Zur Not auch noch einmal nach einer Bockwurst. Und unverzüglich nach einem Coca Cola.« (154)

Worauf er über die beste Bratwurst seines Lebens, damals auf der Landshuter Hochzeit, zu sinnieren beginnt – Bratwurst, Heimtücke, Einsamkeit und körperliche Behinderung, dies alles ist Hermann eins, und, wie er es präsentiert, auch dem Autor: So ist es halt, das Leben, zum Anschauen und zum Schmunzeln, bis einem, rettender Gedanke gegenüber kurz aufscheinender dunkler Vorahnung, die leckere Bratwurst wieder einfällt. So arbeitet es halt, das durchschnittliche menschliche Bewußtsein, immer ein bisserl sprunghaft, aber nett.

Dieser Blick, dem alles gleich gilt, braucht sich da auch nicht mit dem Anblick von Natur zu trösten. Was ihm in der Wirtshaus-Gesellschaft – Provinz-Gesellschaft in nuce – begegnet, ist ja gar nicht schlimm. Die Natur, kein Gegen-Bild also, ist lediglich etwas schöner: angenehmer, ruhiger. »Unterhalb der Pferdekoppel, vorgelagert einem recht wilden und verhauenen Buschwerk, hatte es einen kleinen, zur Hälfte algengrünen Teich. Im braunen Wasser spiegelten sich sieben weiße Gänschen, geruhsam umeinander schwimmend.« (135) Da gibt es Kätzchen und Kirchlein, warme Luft fächelt, der Mond ist rund, der Himmel rein und blau, und es duftet nach Heu und Walderdbeeren: »Besänftigt an Herz und Gliedern stand Hermann vor der Kirchentür. Still ragte übers Dach der traute Turm.« (126)

Wie Hermann, sanftmütig und höchstens einmal für einen Augenblick von Sorge um die Zukunftsaussichten seines geliebten Fußballclubs irritiert, zwischen Natur und Gesellschaft hin- und hergleitet, an einer umherhuschenden Ratte so wenig Böses findend wie an der grimmig blickenden Frau im Wirtshaus, so pendelt auch der Stil des Autors wohlgemut zwischen Kitsch, sprachlichen Romantizismen und banaler Alltagssprache. Freilich wiegt er alles miteinander, wie Hermanns Blick es mit den Kruditäten der ihn umgebenden Realität tut, in ein harmonisches Sinngesumm. Da hat, in Form und Inhalt, alles miteinander seinen stillen Frieden gemacht, fügt eines sich umstandslos mit dem anderen in einen ›schönen‹, milden Klang.

Wie aber auf der Ebene des Dargestellten, vor allem im Figuren-Ensemble, das Nicht-Heile immer mal wieder ein Schüßchen ›Realismus‹ in den süßen Brei gibt, so hat Henscheid auch stilistisch darauf gesehen, daß der Leser nicht auf die einfache Art eingeseustelt wird. Immer wieder setzt er nette kleine, aufmunternde Brechungen. Diese betreffen zum einen Wortwahl und Sprachebene: »Achtlos trank die Frau vom Cola, wieder lümmelte sie sich mit beiden Armen über den Tisch, als ob sie des Ganzen hier komplett schon überdrüssig sei.« (78) Zum anderen aber, und ebenso durchgängig, finden sie sich im Satzbau, in einer marottenhaft irregulären Wortstellung: »Nicht ließ der Bisamratz im Bach vorm Gasthaus Nübler heute schon sich sehen.« (137)

Insgesamt jedoch entspricht dem Figuren und Ereignisse *einebnenden Blick* des Erzählers auch ein die geplanten zierlichen ›Störungen‹ *einebnender Sprachduktus*: »Nun fühlte Hermann sich doch wieder recht heimisch. Er überlegte, ob er die Katze wecken sollte, auf daß sie vielleicht ein wenig mit ihm tändele. Dem blauen Mann gehörte die Katze auch ganz sicher nicht. Obzwar ihr Fellgold wunderbar zu seinem Mantelblau gefügt sich hätte. Hermann hätte beschwören können, daß sie diesem nicht gehörte. Die Katze machte einen sehr losen, ungebundenen Eindruck. Ruhig schnaufte sie im Schlaf, der Schwanz schmiegte noch enger an den goldenen Leib sich. Goldgrün glitzerte der Fluß. Weiter unten sah man jetzt die Enten schwimmen. Sowie ein paar verwandte Tiere. Drei weiße Wölkchen waren am Himmel aufgezogen. Besah man sie von oben, sah die Katze fast vollkommen kreisrund aus. Hermann hatte nun genug davon.« (45)

An dieser Passage – und es ließen sich beliebig viele andere dieser Machart finden: die 230 Seiten »Maria Schnee« sind insgesamt nach diesem Strukturprinzip organisiert – läßt sich ablesen, in welcher Weise der Blick auf die Dinge und die diesem zugeordnete Sprache einander entsprechen. Wie ein inhaltliches Widersprüchlein einem sprachlichen antwortet, alle zusammen aber eingebunden, eingesungen sind in ein aus zarten Disparitäten kunstvoll alles und damit wieder nichts ironisierendes SchönesGanzes, Ganz-Schönes.

Die Zitatkunst operiert, es ist zu hören und zu sehen, mit der Technik des Anklangs, der Kompilation inhaltlicher und sprachlicher Chiffren, vorgefertigter Melodien. Alles kommt uns bekannt vor, und zugleich ist alles anders. Alles steht mit allem aber schließlich doch wieder in einem friedvollen Zusammenhang. Und auch ein Sinn stellt sich da unversehens wieder ein: daß wir das ja alles kennen; und mögen dürfen; und nicht fürchten müssen. Und auch diese Gefühle noch sanft belächeln können, denn sie sind ja da, und doch stehen wir über ihnen. In unserer unglaublichen, unsrer himmelweiten Entfernung von allen Vorkommnissen und Wahrnehmungen, unsrer enormen Überlegenheit, die Gefühl als Zitat wieder zuläßt; und uns das Lächeln darüber, die Rettung vor der eigenen Kitsch-Seele, gleich mitliefert.

5

So steht am Ende die (post)modernisierte »Idylle«, wundersam genug, schließlich doch als ganz die alte wieder da, das Wunsch- und Wunderland vollendeter Harmonie, das Vor-Bild heiter genügsamen Lebens nur eben auf etwas erweiterter Stufenleiter erreichend. Das hat, als gebildete Leser eines gebildeten Dichters (»delectare et prodesse«, plötzlich erinnert man sich wieder), die Kritiker sehr gefreut. Dies zumal, da es sich hier um ein Werk handelt, das, wenn sie's nur verstehn, seine Leser durchaus mit dem Gefühl der Besonderheit auszuzeichnen, sie also auf seine eigne Höhe gleichsam mit hinaufzuziehen vermag: Schwindel erregend.

Denn was gibt es da nicht alles zu entdecken, ja, schöner und befriedigender noch, wiederzuerkennen an eignen (wie mühsam auch immer errungenen) Lese- und Bildungsfrüchten! Was gibt es da nicht zu lachen über Mißgeschick, Torheit und Unglück der ganz normal dämlichen Leute! Denn irgendwie muß es sich doch gelohnt haben (muß und muß!), so weit hinaufgekrabbelt zu sein auf der wiederum nicht so sehr erweiterten *gesellschaftlichen* Stufenleiter – und nun steht da oben, und der Gekrabbelte neben ihm, dieser Autor und *zwinkert*, und zwinkert nochmal, und breitet schon fast seine Arme aus, einverständig wispernd: »Es *hat* sich gelohnt! Hier, wo wir beide sind, ist Oben! Denn schau nur, da unten – und da hinten – und ganz früher – und heute erst!« Und dann sprechen sie noch, stille lachend: »In dieses Sees wunderbaren Ringen / gehn wir doch unter / ich und du«, und schauen sich dann im Fernsehn das UEFA-Cup-Spiel an. Denn das ist ja heute gradezu erwünscht, ganz so wie alle zu sein und sich zu benehmen und dazu am Bier zu schlecken. Solange man nur weiß – und untereinander sich bestätigt, sonst nützt es ja wieder nix –, daß man eben nicht wie alle ist. Sondern auch das noch *zitieren* kann.

Über die spießbürgerliche Wonne also des Schlauer-Seins, aus der sich, sanft und unauffällig, das »Eidolon« nährt, wäre also ganz am Schluß noch, wenn Füchschen und Häschen einander artig Gute Nacht gesagt haben, zu reden.

Aber das wäre nicht schön. Außerdem, siehe oben, auch decouvrierend anachronistisch. Und wer möchte sich schon gern erwischen lassen bei den altbackenen Moralisten und Spaßverderbern, die blöd genug sind, an dem Kakao, durch den man sie eben grad gezogen hat, sich auch noch zu verschlucken. Neinnein, das lieber nicht. Doch lieber getrost weiter und hinaus ins Leben, zurück in die Kunst, ganz getrost, wie Hermann, der ewige (Gast-)Stubenhocker und Wanderer, und wie er von der fürsorglichen Macht, der, freilich, ein wenig lahmenden Autorität, mit segnendem Gruße begleitet: »Hermann sah lang in die Luft hoch und ließ endlich die Augen wieder zurückfallen. Im geöffneten linken Parterrefenster war Hubmaiers Rumpf erschienen, mitsamt dem Kopf schon leicht nach draußenhin geneigt. Etwas ertappt nickte Hermann dem Wirte zu. Hubmaier lächelte diskret und hob auch schon den rechten Arm. Mit der flachen fächelnden Hand winkte er Hermann bewegt und freundlich zu und ihm noch lange nach.« (230)

Da winken wir ergriffen zurück. Zurück, nur immer zurück!

Michael Maar

# Über einige Motive bei Eckhard Henscheid

»Der Spaß ist unerschöpflich, nicht der Ernst.«
Jean Paul: »Bemerkungen über uns närrische Menschen«

## 1

»Aber dumm, aber dumm«! Für seine Verhältnisse ungewöhnlich außer Fasson antwortet Thomas Mann am 5. Dezember 1948 Heinz Politzer auf dessen »Faustus«-Aufsatz, der allerdings und zum Glück für seinen Verfasser nicht Ursache der großen Gereiztheit ist. Dumm ist der Kritiker der »New York Times«, der, obwohl ein »geschulter Kopf«, über Echo, den Schweizer Knaben des soeben erschienenen Endzeitromans, hatte wissen lassen, er sei »bloss Hanno Buddenbrook da capo«. Das will sein Schöpfer strikterdings nicht dulden. »Mit 25 konnte ich die Leiden eines verfeinerten Kindes erzählen, mit 70 aber eine Epiphanie. Etwas schöneres habe ich nie geschrieben, als die Frage: ›Gelt, da freust du dich, dass ich *gekommen* bin?‹ – Und Sie auch nicht«, fährt er noch enerviert und halb barsch fort, um dann eben noch ins Versöhnliche einzulenken: »obgleich Sie doch ein Dichter sind«[1].

Zur Frage des höchstgeschätzten Eigenen hat sich auch Eckhard Henscheid ausgesprochen, wie es der Zufall will in fast denselben Worten: »Etwas Schöneres als diesen Satz (›Mätresse‹, S. 440) werde ich in diesem Leben nicht mehr schreiben. Wetten?« Der Satz aber, den er meint – und hier spielt der Zufall schon ins Höhere –, handelt genau auch von einer Epiphanie: »Durch sein Erscheinen hinter'm Zapfhahn machte Demuth auf sich aufmerksam.« Wem das »Erscheinen«, griechisch *Epiphanias*, nicht genügt – Henscheids Nachsatz macht es doppelt deutlich: »Allenfalls der Wegfall der Ortsbestimmung sowie die Akzentuierung des Zeit-Ewigkeitlichen wären als Verbesserungen erwägenswert: ›Durch sein vorübergehendes Erscheinen machte Demuth auf sich aufmerksam‹.«[2] Nun ist es allemal ein Unterschied, ob eine Epiphanie dadurch in Szene gesetzt wird, daß ein Goldkind mittelhochdeutsche Gebetsprüche rezitiert, oder dadurch, daß ein phlegmatischer Wirt (der »Paradies«-Schenke) hinter seiner Theke auftaucht. Aber es bleibt der Umstand, daß der Autor, auf den der alte Satz, Ruhm sei nur ein Mißverständnis, besonders verheerend zugetroffen hat, die Erscheinung eines Göttlichen bzw. deren andeutende Schilderung für sein Wesentliches hält.

Wie aber das, bei einem »Altagnostiker«, einem »frommen Atheist«[3]?

39

Einem frommen immerhin. Ein gänzlich unfrommer würde wohl nicht so oft mit Eichendorffs »Ach Gott, führ uns liebreich zu Dir!« enden; ein Protestant auch nicht hochironisch so oft Hölle, Fegefeuer, höchsten Richtspruch anführen. Noch auch die Gottesmutter so oft heranziehen – wie Henscheid es so offen und oft tut, daß schon der Klappentext der »Maria Schnee« diese mit den beiden vorangehenden Romanen zu einer »Marientrilogie« rundet. »Stark katholisch behaucht«, wie sie insgesamt sei, war nun nicht erst »Die Mätresse des Bischofs«, in der, wie vom autorisierten Kommentar zu verstehen gegeben wird, noch der Hering auf christliche Fisch-Symbolik anspielt, noch der Marienkäfer Madonna-Bezug herstellt.[4] Schon der – trotz Autormeinung: schönere? – Vorgänger dieses kompliziertesten Henscheid-Romans, »Geht in Ordnung – sowieso – – genau – – –« rückt den Herrn Leobold in Opferlamm-Nähe und operiert mit Advents- und Oster-Hinweisen; während in der Verfilmung des Landarztes der Hahn dreimal kräht, bevor Ferenc Knitter Verrat an Kafka übt.[5] Die Annemarie der »Dolce Madonna Bionda« vereint, wie sich Bernd Hammer selbst gelegentlich erinnert[6], Tochter und Mutter, Maria und Anna; der Vorname sorgt damit für den Agape-Part der Liebe, deren Problematik Hammer in Bergamo hält[7]; für den reizenden Widerpart steht das französisch »häßliche«[8], an tierherb aphrodisiakische Gerüche und Genitalbezeichnungen gemahnende »Mosch«. Mit Abendmahlfarben ist das letzte Tempes-Gelage[9] unterlegt. In »Maria Schnee« dann ginge mikro-[10] wie zentralmotivisch sowieso alles in Ordnung, mit Leobold zu sprechen – in die christlich-katholische nämlich, deren Feier man sich aber doch, um auf die Frage zurückzukommen, von einem Altagnostiker, Adorno-Nachfahr[11] und wenn auch frommen Atheisten nicht gut denken kann?

Mit einer plan katholischen Deutung würde das Mißverständnis, dem Henscheids Werk seit seinem ersten Jahrzehnt ausgesetzt ist, durch ein anderes, wiewohl weniger dummes ersetzt. So einfach sind die Dinge nicht, vielmehr annähernd so dunkel wie nach Mahler-Bethge das Leben und der Tod. Ein Lichtchen wiederum wirft der Kommentar hinein, wenn er jene Stelle der »Mätresse« als wichtigste preisgibt[12], an der von der »Wucht des gesamtkatholischen Unfugs« die Rede ist, die der »täglichen, durchschnittlichen und allgemeinen Eselei der Zeit« entgegenzuschmettern sei.[13] Zwar wäre damit noch nicht geklärt, wie und ob der eine Unfug durch den anderen zu neutralisieren ist, gar neuer Sinn aus beider Zusammenprall entstrahlt; immerhin aber der katholische Komplex eingefriedet und, wenn man so möchte, säkularisiert. Es wäre dann dem Ganzen und Unwahren, dem so oft von Adorno zitierten, nur mit einem besonders rigiden, überkommenen Sinnsystem[14] zu begegnen, deshalb dann auch dürfte derselbe Papst, dessen baldige Abberufung der Verfasser der »Sudelblätter« wo nicht wünscht, so doch billigend erwägt, leibhaftig den Rahmen des »Dolce Madonna Bionda«-Finales füllen. – So ginge es, wäre aber vielleicht abermals zu simpel. Nicht angemessen berücksichtigt bliebe zumal der Igel. Gar zu wenig, heißt es in der »Mätresse«, sei über dessen Religion bekannt. »Etwa deshalb, weil von diesen Tieren selber etwas so Religionsstiftendes ausgeht, etwas so Göttlich-Gotterneuerndes und – ach, manche Gedanken darf man nicht zu Ende – – .«[15] Wenn so ostentativ abgebrochen wird, muß entsprechend Bedeutsames dahinterstehen. Nicht weniger in diesem Fall als das »geheime ›theosophische‹ Zentralthema des Romans«[16], und wohl nicht dieses Romans allein. Die »alte, bewährte und hochverdiente Idee der Reinkarnation, der Metempsychose, der Wiederkunft u.s.w.« steht gleich am Anfang der »Dolce Madonna Bionda«.[17] Der als Tier wiedergeborene Gott, in der »Mätresse« Dostojewskis Igel, wälzelt sich als gelbblondes Kätzchen[18] in »Maria Schnee« und erscheint vorübergehend in den beiden Haupterzählungen der »Drei Müllerssöhne«.[19] In der »Postkarte« macht auch wieder das rätselhafte, hinter dem Schrank verborgene Tier der Novellenidylle durch Scharren auf sich aufmerksam; verborgen und unbestimmbar, also von *Qualitas occulta*. Untergründig sind theosophische, gnostische, auch eschatologische Vorstellungen in Henscheids gesamtem Werk präsent. An einer der tiefsten, vom Kommentar überspielten Stelle der »Mätresse« erhebt sich der »Demiurg«, dessen letzte Bosheit darin gipfelt, noch den Tod als Licht, Helle, Glück erscheinen zu lassen.[20] Kurz darauf fällt der Kernsatz, eine dostojewkisch-mystische Ethik: »Nicht waren wir auf die Welt gekommen, uns ans Helle zu verderben.« Die Hoffnung auf nahende Erlösung, sei's ruhig auch der gewaltsamen, auf die Flut, die den Sündenpfuhl auslöschte, überfällt den am Kirchlein angekommenen Helden der »Maria Schnee«. Das »O Dieu vengeur! O mon espoir!«[21] durchzieht die »Sudelblätter«. Wie in der Großdigression, mit der Thomas Manns Joseph-Tetralogie anhebt, wie auch in der Schopenhauerschen Tetralogie, ist für ihren Verfasser das Leben etwas eigentlich Unzüchtiges, eine »Pest«, ein »Albtraumfest der Hölle«, eine »Zote ohnegleichen« – noch im halbhumoristischen Nietzsche-Zitat bezeichnend, ist es »ein tief, tief obszönes Leben; tiefer als der Tag gedacht«.[22] Das Leben selbst als Sündenfall und Urböses – das ginge natürlich viel weiter als der Adorno-Rigorismus vom Ganzen-Unwahren, der wäre gewissermaßen nur das innerweltliche Revers, das Unterfutter.

Sicher ist indessen nur eines, beiläufig läßt der Diarist es fallen: »In Ansehung der Werke der Natur, des gestirnten Himmels und des Dostojewkischen Gesetzes in mir, daß Leid die einzige Ursache des Bewußtseins ist, auch wenn, nach Einsicht Benns (an Oelze, 16. 9. 35), Geschichte und Natur mit dem Geist eh nie zusammengehen – in Anbetracht all dessen stehe ich nicht an, unbeschadet der Wahrheit von Luthers Zwei-Reiche-Lehre mitzuteilen, daß mir Marcuses Große Verweigerung ebenso wurscht ist wie Stifters Sanftes Gesetz natürlich sowieso, du ahnst es nicht, Kamerad Schnürschuh«.[23] – Der wie zermürbte Stretta-Schluß; die unebne, humoristische Namensballung; das komische sprachliche Abgleiten – keines der für Henscheid so charakteristischen Mittel täuscht darüber hinweg, noch soll es das auch, daß in diesem Satz die traurige Antwort gegeben wird, die Professor Pnin erst gar nicht erwartet, wenn er brieflich polternd fragt: »Ist das Leid nicht das einzige, was der Mensch auf Erden zuverlässig besitzt?«[24]

Michael Maar

2

In den »Sudelblättern«, dem »Produkt der Beobachtungen, die ein reiner Geist über sich selbst angestellt hat«[25], erwähnt der Autor gelegentlich die Befürchtung, das Lesen seiner Kolumnen halte am Ende von dem des viertausendseitigen Proust ab. Um sie zu zerstreuen und einem Dichter Reverenz zu erweisen, dem Henscheids Verehrung zu gehören scheint und der auch keine unerhebliche Bedeutung für die »Mätresse« hat, diene ein Satz der »Recherche« weiterer Illustration, Analyse und womöglich Aufklärung. – Die Herzogin von Guermantes hat überraschend beschlossen, trotz Saisoneröffnung an die Fjorde Norwegens zu fahren. – »Die gesamte Gesellschaft war verblüfft, und ohne geradezu die Herzogin nachzuahmen, empfand doch jedermann angesichts dieser Handlungsweise jenes gewisse Gefühl der Erleichterung, das man bei der Lektüre von Kant hat, wenn man nach den rigorosesten Demonstrationen des Determinismus entdeckt, daß über der Welt der Notwendigkeit noch die der Freiheit ist.«[26] Daran ist selbstverständlich einiges sehr komisch: die Diskrepanz zwischen dem Anlaß des Vergleichs und dem Gewicht des Herangezogenen; die andere Diskrepanz, daß die Gesellschaft, deren Gefühl mit dem des Kant-Lesers verglichen wird, selber im Traum nicht auf solche Analogien verfallen wäre, kulturfern, wie Proust sie uns vorgeführt hat. Dann innerhalb des Vergleichs: daß eigentlich ja interesseloses Prüfen und nicht subjektive Erleichterung herrschen sollte bei der philosophischen Lektüre, daß allerdings die Kennzeichnung Kants sehr wohl paßt und auch jeder menschliche Leser unphilosophisch erleichtert ist, wenn die demonstrierten Gegenstände eine Wendung nehmen, der er von Herzen zustimmen kann. Kompositorisch gesehen wird nun aber an dieser vielfach komischen Stelle ein hochrangiges Thema des Riesenwerks, Freiheit und Determinismus, en miniature behandelt; das Madeleine-Erlebnis bedeutet ja die mögliche Aufhebung der Zeit, das Sich-Erheben aus dem deterministischen Zeitfluß. Dadurch, daß das größte Thema humoristisch behandelt, gespiegelt und also etwas verkleinert wird – verliert es selbst ein bißchen an Erhabenheit und Größe. Nicht an Ernsthaftigkeit. Ironie und Ernst stehen nicht konträr zueinander; im Gegenteil. Ironie trägt der Skepsis Rechnung – der ernsten Vermutung, daß es Fragen geben kann, wie die nach Freiheit oder Determinismus, auf die uns eine höchste Instanz, nach Art des Ratespiels um Auskunft gebeten, womöglich die fürs Nichtentscheidbare vorgesehene Antwort »Wasserbüffel« erteilte – anders und mit dem Thomas Mann des »Goethe und Tolstoi«-Essays umschrieben, der Vermutung, »daß in großen Dingen, in Dingen des Menschen, jede Entscheidung als vorschnell und vorgültig sich erweisen möchte, daß nicht Entscheidung das Ziel ist, sondern der Einklang, – welcher, wenn es sich um ewige Gegensätze handelt, im Unendlichen liegen mag, den aber jener spielende Vorbehalt, Ironie genannt, in sich selber trägt, wie der Vorhalt die Auflösung«[27].
Man stoße sich an dem harmonisierenden, versöhnlerischen Akzent; wird

aber doch von der angesprochenen, höheren Ironie soviel sagen können: daß sie nicht, wie oft mißverstanden, als ein Minus-Vorzeichen alles von ihr Umklammerte ins Negativ wendet, daß sie überhaupt, organischer gefaßt, nicht eine Hülse ist, der ein Kern erst mühsam zu entnehmen wäre. Auf die großen Dinge gerichtet, entspräche die Form der Ironie – aber sie ist mehr als Form – dem, was man als Agnostizismus bezeichnet. Die Ironie (übrigens eine enge Verwandte der Scham) denunziert nicht ihren Gegenstand, sondern behält ihn in der Schwebe. Sie leugnet nicht, noch gibt sie vor zu wissen – bis auf eben dies, daß behauptetes Wissen Anmaßung wäre. Nicht ironisch, es sei denn im Settembrinisch-strafenden Sinn, ist der Illuminierte. Wer glaubt, den Dingen auf den Grund geschaut zu haben und endgültig Bescheid zu wissen, hat keinen Geist für die endgültigen Bescheid just verweigernde Ironie. Auch für den Humor, der seinen felsenfesten Glauben umspült, kann der Gläubige nur ein ärgerliches Auge haben. Die Gottesvorstellung werde von dem Humoristen (nach einem auf obskurem Weg in die Öffentlichkeit gedrungenen Kierkegaard-Satz) beständig mit etwas anderem zusammengestellt, woraus Widerspruch hervorgehe; er selbst verhalte sich aber nicht in religiöser Leidenschaft zu Gott.[28]

Die Anwendung liegt auf der Hand. Eckhard Henscheid ist zuallererst ein großer Humorist, sein Werk über weite Flächen nicht nur katholisch, sondern komisch behaucht, durchwaltet überall von Ironie – nicht jener, die dem klassisch, »nämlich einem planvollen Chaos verpflichteten« Humoristischen gerade entgegenstünde, sondern der höheren, die über die »Ober-Union alles Komischen« statthat.[29] Henscheids Altagnostizismus wäre also einer schon qua Form (die mehr ist als nur Äußerliches), und erwähnte Gottesgerechtigkeit etwa figurierte, weniger mystisch denn skeptisch, nicht als blind geglaubte oder aber erschaute, sondern eher – um den Kreis zu Proust rückzubiegen – als kantisch regulative Idee, ohne die kein rechtes Auskommen ist. Metaphysik und Humor, die schon bei Nabokov zusammengehen, wie bei vielen Großen, bildeten auch bei ihm einen anti-dogmatischen Bund – ein Anstoß dem von Gernhardt so benannten »Ernstler«, der zu Unrecht Respektlosigkeit am Werk wähnte.

Henscheids Respekt vor dem Höchsten könnte selbst nicht höher sein; seine Hingabe an das, womit die »Sudelblätter« sich apotheotisch vom Leser verabschieden, »das Schöne und das Wahre«[30], nicht inniger noch nobler. Was aber den Agnostizismus angeht: In der »Maria Schnee«, ihrem Zentrum hat er sich sinnbildlich niedergeschlagen. Ein Katholik würde unverdrossen seinen Zuflucht suchenden Helden in die bergende Kirche eintreten lassen. Henscheids Hermann verbringt eine Nacht unter offenem Himmel am Fuß der Kirche; ihre Tür bleibt ihm verschlossen, nicht einmal der Einblick ist ihm gestattet. »Es war nicht zu ersehen, was das Kirchlein barg«[31], noch also, ob es überhaupt etwas barg.

Nachdem er zuletzt das Kind rückerstatten muß und auch die Katze sich nicht mehr blicken läßt, das Erlösertriptychon Kind, Katze, Kirche in Nichts zergeht, verläßt Hermann das Städtchen. Mit einer Abschiedsgeste, einem

Winken, endet die Novelle. »Das Leben stirbt, und nur der Abschied von ihm bleibt lebendig«[32], hieß es in dem frühen, wichtigen »Maskenball«-Essay. Viel Glaube und Hoffnung spricht nicht daraus, spricht überhaupt nicht aus Henscheids Werk. Vom größten der Paulusschen drei handelt der Autor an einer der ganz wenigen konfessorischen Stellen, in der Vorrede zu einem Lesebuch; zitatgeschützt und wie schamhaft einschränkend. »Sicherlich nicht nur, weißgott nicht«, beschließt er sie, »aber am Ende vielleicht doch«, sei Literatur Liebe.[33]

3

Es tun ja die Ideen nichts zur Sache der Literatur und jedenfalls sehr viel weniger als die von Nabokov in Ehren gehaltenen »göttlichen Einzelheiten«[34], das sprachliche, motivische, kompositorische, dem Leben abgesehene Detail. Nicht daß sie Schopenhauers Philosophie einarbeiten und umsetzen, macht den Rang der »Buddenbrooks« aus; Grünlichs Koteletten sind es, Tonys Eigenarten, Christians »Ich kann es nun nicht mehr«. Henscheids Werk hat nicht deshalb Größe, weil es auf komplizierte und allerdings bis heute sträflich wenig gewürdigte Weise die alten Probleme der Metaphysik neu verhandelt, sondern – aber wie im ersten Fall muß jede Aufzählung bös verkürzt und willkürlich herauskommen – groß sind: der tapfere Kloßen und Mentz, der Manipulationen am Spielautomaten durch unbefugten Biereinguß argwöhnt; der Frankfurter Wettbewerb ums nachgestellte »sich«; die letzten Züge der Schachpartie Leobolds, die auf seine aussichtslose Lage sowohl als auch aufs verzögerte Ende vorausweisen; das Idiom Streibls (»Hemingway ist der Autor unserer Zeit, unseres Jahrhunderts, er ist praktisch ein zweiter Shakespeare«); der verlegene Hunger des kleinen Elefanten; Hammers Grübeleien über Metempsychose als Bundesligaab- und -aufstieg; die New Yorker Kakerlake, die Roßmann wenig fachmännisch als »Pantoffeltierchen« einstuft; Frl. Annis knausriges Walnuß-Geschenk und der betrunkene Entenlober; die Schmach-Momente, die sich vom Gedächtnisgrund des wütend spazierengehenden Oskar lösen.

Eckhard Henscheid hat Dialoge geschrieben, wie es ihresgleichen nicht gab in der Literatur und, weil sie nachgeahmt nicht mehr gut wären, außer von ihm auch nicht mehr geben wird. Er hat einen unverwechselbaren und aus aller Stimmenvielfalt und versatil wechselnder Rollenprosa sofort herauszuhörenden Ton entwickelt; eine eigene zart-grobe Kunstsprache, mit der dem Kanon des Unmöglichgewordenen, der ständig wächst und jedes Stilempfinden beklemmt, noch einmal beizukommen war. Er hat, wie Gustav Mahler im symphonischen Werk, das Niedere, Gemeine mit dem Hohen zusammengeführt. Er hat hochkomplexe, geheimnisreiche, auch realistische, welthaltige Kunst geschaffen – die nämlich, die jämmerliche und teils aber auch rührende Welt, findet, wenn es Kunst ist, zur Not in einer Pensionsgaststätte Platz. Das Mißverständnis um ihn ist groß, aber seine Zeit wird kommen, ist schon angebrochen. *Hat* schon? Ist!

1 Unveröffentlichter Brief aus dem Thomas-Mann-Archiv, Zürich. (81/172). Mit Dank für dessen Konservator Hans Wysling. – 2 »Sudelblätter«, Zürich 1987, S. 300. – 3 »Erledigte Fälle«, Frankfurt/M. 1986, S. 129; »Sudelblätter«, a.a.O., S. 404. – 4 Herbert Lichti, Eckhard Henscheid (Hg.): »Erläuterungen und kleiner Kommentar zu Eckhard Henscheids Roman-Trilogie«, Frankfurt/M. 1986, S. 92; 166. Der Kommentar ist nicht ohne Fehler, legt etwa die Frage (und nach Nietzsche tiefste Stelle des Neuen Testaments) »Was ist Wahrheit?« Jesus und nicht Pilatus in den Mund; gibt aber einen unschätzbaren Blick frei auf den Symbol- und Zitatkosmos im Innern der Werke. – 5 »Roßmann, Roßmann... Drei Kafka-Geschichten«, Zürich 1982, S. 258. – 6 »Die Putzfrau gemahnte Hammer an Moschens Mutter. Quatsch, Annemarie war ja Tochter und Mutter simultan« (»Dolce Madonna Bionda«, Zürich 1983, S. 341). – 7 Wieder weiß Hammer selber Bescheid über die Namenssymbolik: »›Mosch‹ war der sensuale, ›Annemarie‹ der spirituale Teil an ihr« (ebd., S. 345). – 8 *Moche*. Aus einer Paronomasie leitet sich wohl auch der autobiographisch-verschlüsselte Romanort »Seelburg« ab (»*Am*berg« als »âme« gelesen). – 9 »Tempes« als Inkarnation des hitzig verführerischen Zeitgeists. – 10 Vgl. hierzu auch: Michael Maar: »Eine zweite, eine wiedergewonnene Schlichtheit«, in: »Merkur«, Mai 1989. Die dort vorgetragene Interpretation wäre an wenigen Stellen zu retuschieren. – 11 Mit Billigung und sichtbar einem Fünkchen Stolz beruft Henscheid sich auf das im »Merkur« festgestellte Erbe. Vgl. »Sudelblätter«, a.a.O., S. 120 f. – die im übrigen der »Minima moralia« nicht nur nicht nachstehen, sondern im Punkt der Selbstironie und dem der Wahrheitsliebe weiter gehen. – 12 »Erläuterungen...«, a.a.O., S. 104. – 13 »Die Mätresse des Bischofs«, Frankfurt/M. 1978, S. 279. Der letzte, schwerste Band der Trilogie ist zugleich der erste der Marientrilogie, woraus allein seine doppelte Wichtigkeit hervorgeht. – 14 Kaum rollensprachlich affiziert, wird in den »Sudelblättern« das »Vergammelte, Verkrustete, Vermauerte« der Katholizität angeführt. (S. 152). – 15 »Die Mätresse...«, a.a.O., S. 517. – 16 »Erläuterungen...«, a.a.O., S. 178. – 17 »Dolce Madonna Bionda«, a.a.O., S. 6. – 18 Ein Privatmythologem – das »goldgelbe Katzerl«, in dessen Gestalt »abermals, mit etlicher Verzögerung, die es spannend machte«, der »Erlöser sich die herablassende Ehre zu erscheinen« gebe. (»Sudelblätter«, a.a.O., S. 282). – 19 »Die drei Müllerssöhne«, Zürich 1989, S. 109; 176. – 20 »Die Mätresse...«, a.a.O., S. 566. Daß Henscheids Begriff von »theosophisch« eschatologische Färbung hat, ist einer Stelle der »Sudelblätter« zu entnehmen (des angedeuteten Inhalts, es müsse alles noch viel schlimmer werden, bis der Erlöser nahen könne; S. 114). Noch ein Nebenstück wie »Aus zwei mach eins«, an dessen Ende ein Großvater die Fotos seiner lieblosen Enkel zerstört und mit einem Beil, in Umkehrung des »Taugenichts«-Schlußsatzes, »alles kurz und klein« schlägt, wofür er vom Erzähler belobigt wird – noch dieses winzige Stück erhält seine Beleuchtung vom eschatologischen Horizont her. – 21 »Sudelblätter«, a.a.O., S. 236. – 22 Die Zitate in der Reihenfolge: »Sudelblätter«, a.a.O., S. 210; 358 (Verdi und Schopenhauer kompilierend); »konkret«, Juni 1986, S. 60; Januar 1989, S. 83. – 23 »Sudelblätter«, a.a.O., S. 236. Das sonst zuverlässig auch ungenannt Zitierte anführende Register läßt hier die Eintragung »Kant« vermissen. – 24 Vladimir Nabokov: »Professor Pnin«, Reinbek 1987, S. 49. – 25 »Sudelblätter«, a.a.O., S. 238. – 26 Marcel Proust: »Auf der Suche nach der verlorenen Zeit«, Frankfurt/M. 1979, S. 1881. – 27 Thomas Mann: »Gesammelte Werke in dreizehn Bänden«, IX, Frankfurt/M. ²1974, S. 170 f. – 28 Im Original gelesen hat den Satz vermutlich nur Adorno; dessen Kierkegaard-Arbeit diente Thomas Mann als Stoff für das Teufelsgespräch im »Doktor Faustus«, sein Tagebuch hält das Zitat fest (23. VII. 1944). Nach wiederum dessen Veröffentlichung fand es dann gleich zweimal hintereinander Eingang in den vom Haffmans Verlag herausgegebenen »Raben-Kalender« (1989/90); sein weiterer Weg in die Welt dürfte gemacht sein. – 29 »Der Rabe«, IV, Zürich 1983, S. 165. – 30 »Sudelblätter«, a.a.O., S. 423. Die Kopplung ist von Plato an belegt und beendet etwa auch Keats »Ode on an Grecian Urn« – »beauty is truth, truth beauty«, – that is all / ye know on earth, and all ye need to know«. – 31 »Maria Schnee«, Zürich 1988, S. 133. – 32 »Über Oper. Verdi ist der Mozart Wagners«, Frankfurt/M., Berlin, Wien 1982, S. 42. – 33 »Mein Lesebuch«, Frankfurt/M. 1986, S. 16. Der Polemiker, der Henscheid auch ist, schreibt sich ausdrücklich *nicht* einer anderen Seele in seiner Brust zu. Wie Kraus könnte Henscheid billig sich die Frage vorlegen: wem er denn jemals Unrecht getan? – 34 Vladimir Nabokov: »Marginalien«, als Privatdruck veröffentlicht aus Anlaß des Beginns der Ausgabe der »Gesammelten Werke«, zusammengestellt von Dieter E. Zimmer, Reinbek 1989, S. 92.

Hermann Peter Piwitt

# Musik auf allen Wegen

In den »Vollidioten« legt Frl. Czernatzke »aufeinmal etwas ganz anderes und Neues auf, nämlich den ›Hirt auf dem Felsen‹ von Franz Schubert (...)«. Und Herr Knott fragt »dumpf, ›was der klassische Rotz da‹ solle«. Worauf der Erzähler zu etwas greift, »das selbst noch den ›Hirt auf dem Felsen‹ in die Schranken verwies und so Frl. Czernatzke's Grenzen aufzeigte«: Gustav Mahlers »Abschied« aus dem »Lied von der Erde«. Später spielt er auf dem Piano »Die Liebe vom Zigeuner stammt«, das Volkslied »Sul Mare lucica«, dann »La Paloma«, dann die »Wolgaschlepper«, dann »Blaue Nacht am Hafen« und schließlich ein Potpourri aus »Rigoletto«. Kommentar des darob erwachten Herrn Jackopp: »Du hast gut Klavier gespielt (...) Du hast die Technik. Gehen wir.«

Gut Klavier spielt auch Henscheid. Setzt sich einfach mal kurz dran und spielt mir ein paar Takte aus dem Klavierauszug von Brahms' B-Dur Konzert vor. Wie ich ihn beneide darum! Hatte ich doch selbst einmal Klavier spielen lernen wollen als Junge. Aber die Eltern drückten dem Achtjährigen ein günstig erstandenes Cello auf. Und noch mit siebzehn strich ich darauf herum, verdrossen, daß jeder Ton körperlich erarbeitet werden mußte, damit überhaupt etwas zustande kam, das mehr war als bloß ein Geräusch. Eine Klaviertaste dagegen brauchte man nur anzuschlagen, und schon klang es nach was. Und dann immer nur die Begleitstimme! Und von Akkorden und Harmonielehre ohnehin keinen Schimmer. Henscheid dagegen braucht nur auf die Noten zu schauen und weiß, in welchem Takt es von B-Dur nach g-moll geht. Oder wohin sonst noch. Er versteht sich darauf. Und sagt es. Zum Beispiel in seiner Musikkolumne in »konkret«.

Dabei hat er erst mit fünfzehn angefangen mit dem Klavier. Daß er zuvor in der Combo seines Vaters Akkordeon gespielt habe, die Schwester Geige, Henscheid sen. Posaune, glaube ich blind. Immerhin wagt er sich mit noch nicht zwanzig schon an höchst Vertracktes von Beethoven und Brahms. Aber am Ende, meint er, wäre es wohl nur auf einen Schulmusikerposten im Bayerischen hinausgelaufen, hätte ein Schulfreund – ihm heute noch, unter anderm als Steuerberater, freundschaftlich verbunden – ihm nicht beim Turnen einen Ball so auf den kleinen Finger der Rechten plaziert, daß der ihm fortan zum professionellen Anschlag nicht länger hat taugen wollen. Das Drama des begabten Kindes entflicht sich jedenfalls auf die harmonischste Weise, wenn auch peu à peu: Ohne daß unseres Autors ältestes Talent, das Malen und Zeichnen, sich darüber hätte groß beiseite stehlen müssen, finden sich Kalliope und Polyhymnia. Die Viereinigkeit von Musik, Literatur, Zeitungswesen und Satire ist ihm fortan Sternbild.

## Musik auf allen Wegen

Es hat schon dem Abiturienten freundlich geblinzelt, das Gestirn: Durch eine Musikkolumne der »Mittelbayerischen Zeitung / Amberger Volksblatt« läßt er, für je fünf Mark Honorar, über Jahre weg einen nicht existierenden lokalen Musikverein geistern, der sich Anfang der sechziger Jahre mit dortzulande Unerhörtem befaßt: Strawinsky, Křenek, Nono. Und ein »verschnarchter« Redakteur merkt die Camouflage nicht.

Dem Wunsch, sich einen Jux zu machen und doch sorgend neugierig und kundig zur Sache zu gehen, verdankt sich auch »Verdi ist der Mozart Wagners. Ein Opernbuch für Versierte und Versehrte«, worin seriöse Opernanalysen mit absoluten Nonsenstexten quergehen. Jüngst erschien der Maskenball-Aufsatz im Programmheft der Salzburger Festspiele; für die FAZ ein Signum, daß die Ära Karajan wohl endgültig zu Ende gegangen sei...

Was ist mit »Dolce Madonna Bionda«? Da schläft zwar noch nicht ein Lied in allen Dingen wie in »Maria Schnee«, aber immerhin geht eine Canzone von Anfang an durch die Welt des Romans: »Dolce Madonna Bionda«... Henscheid schickte es mir vor Zeiten, das tangoartige kleine Ding, das wehmütig sentimentalisch blinzelnde (»Des-c-des-es-as-f«) zusammen mit Stornellacci, spöttischen toscanischen Wechselgesängen zwischen Mann und Frau, und Emigrantenliedern; und mittlerweile gehört die Kassette zu meinen liebsten. Singen tut es übrigens ein Hammer, Dr. Bernd Hammer, und zwar bis hinunter in die Toscana, wohin es den Musikkritiker und -freak treibt, nachdem er D'Annunzio (»was ein krachlederner Stiefel!«) als zunächst erwählten Musenführer alsbald abgemustert hat. Und wie das so ist, wenn Musikkritiker durch Italien reisen: Musik auf allen Wegen. Und wo sie ihm nicht zustößt, da stößt sie ihm auf: »Anna Bolena – Maria Stuarda? Nein, Donizetti kam zwar der Sache nahe, aber er brachte es nicht ganz.«

»Chopins ›Là ci darem‹-Klaviervariationen glitten Hammer durch den Kopf. ›Hut ab, meine Herren, ein Genie!‹ flüsterte er laut, als ob er dem gar zu donizettisch verschlafenen Bergamo eine wichtige Mitteilung machte (...).« Hammer ahnt, bei Bruckners »echt tierisch ätzendem d-moll ›Welch eine Erlösung nach soviel Tango!‹«

Hammer erwägt, »ob er morgen etwas Musik zum Weinen kassettenweise kaufen solle (...)«. Es verblüfft ihn die Idee, »er wäre gern mit Puccini verheiratet gewesen, nein, Donizetti nicht – und vor dem Eindringen von Bruckners Genius hätte er sich gar gefürchtet«.

»Cindy, oh Cindy!« singt Hammer.

Und bleibt »noch eine Weile hocken. So wurschtig wie Mozart oft ab KV 520«. Was ja nun bekanntlich (»Erzeugt von heißer Phantasie«) das Lied »Als Luise die Briefe ihres ungetreuen Liebhabers verbrannte« ist – wie man, angesteckt vom Polyhistor Henscheid, alsogleich nachschlägt; wohlwissend, versteht sich, ehem, daß bereits KV 519 mindestens genauso wurschtig, jedenfalls so routiniert sentimentalisch mit links komponiert ist...

Communque, »Dolce Madonna Bionda«, das ist, rein musikmäßig, auch ein Stolperpfad aus déjà entendus, Drôlerien, Blödeleien, Fundstellen und Tränentälern für Connaisseure, daß es nur so eine Lust ist. Ein musikalischer

Hermann Peter Piwitt

Waldlehrpfad zum Erkennen und Wiedererkennen für Leser mithin; und auf diesen Schelmen noch einmal anderthalbe zu setzen, ging wohl beileibe nicht mehr.

Womit wir wären bei »Maria Schnee«. Pardon, nein. Ersteinmal denn doch noch ein Bier. So... Und ein paar Fragen vielleicht für zwischendurch: Zum Beispiel: »Liedermacher?« Henscheid dreht die Augen zum Himmel. Gut. Ich drehe mit. »Dirigentenwahn-und-Idolatrie«? Nun, das sei ja denn doch weniger ein Problem der Interpreten als eins der schreibenden Täschchenträger, die sich durch Erfindung und Ausmalung von Sonnen Licht holen wollten auf die eigenen Mondgesichter. Mit den nicht selten saukomischen Effekten, bekanntlich; zu besichtigen etwa bei Joachim Kaiser...

Maria Schnee und Eckhard Henscheid

Aber was ist mit der Musik, wenn's ans Schreiben geht, Musik zum antörnen, als Halluzinogen, will er wissen, der Interviewer, gewohnt, selbst immer mal ein paar von Mozarts frühen Sturm-und-Drang-Raketen zum Auftakt abzuschießen in den Einspielungen der »Academy of St. Martin in the Fields«, damit der Rhythmus stimmt, in den Grübel-Gruft-und Andachtsphasen einen späten Beethoven beizumischen dem sechsten Schnaps, und vielleicht ein Cembalo zum Nachdieseln...? Frage also danach, wie *es* singt in einem, wenn man schreibt: Also, was *das* angehe, da gäbe es schon mal die Trias Kaffee, Zigaretten, Musik, sagt Henscheid. Wenn er aber von Musik tatsächlich profitiert habe, beim Schreiben, dann in Sachen Formgefühl. Also Exposition, Durchführung, Strenger Satz... Daß man lerne, zum Beispiel, nicht im ersten Kapitel sein Pulver zu verschießen. Jedenfalls, wie die musikalische Technik unbewußt arbeitet in einem...

Womit wir dann doch wären bei »Maria Schnee«. Oder doch bei Thomas Mann immerhin schon, wo er in Angelegenheiten des »Zauberberg« vom Roman sagt, er sei ihm immer eine Sinfonie gewesen, ein Werk der Kontrapunktik, ein Themengewebe, worin die Ideen die Rolle der musikalischen Motive spielten. – Und vom Leitmotiv: »Ich benutze es als vor- und zurückdeutende Formel, als Mittel, seiner (des Romans) inneren Gesamtheit in jedem Augenblick Präsenz zu verleihen.«

Schön, wirklich schön. Und so, als sei es geradewegs auf Henscheids Idylle von dem reinen Toren Hermann zu geschrieben, die gewiß sein wundersamstes, innigstes und radikalstes Buch ist. Eine Unmenge kleiner belanglosunerhörter Begebenheiten verbreitet scheinbar formlos über die erzählte Zeit von 24 Stunden. Unendlich – und also liebend-lange noch dazu – verweilt des Autors schiefer Blick auf ihnen. Die banale Erwartung, es könne sich doch noch so etwas wie eine Story entwickeln, wird enttäuscht. Und doch ist man irgendwann ganz süchtig nach immer mehr davon. Fremd wird das von Haus aus Angebiederte, Vertraute, so wie es erzählt wird: in Zeitlupe; scheint plötzlich wie neu; und also schön. Und indes Spannendes im landläufigen Sinn nicht passiert, passiert endlich doch das Kleinste atemberaubend.

Das macht – auch – das Leitmotiv. Angesungen wird es, wie im Tristan-Vorspiel; dämmert heran, bringt Ahnungen auf Trab, Begehren, daß alles am Ende doch auf etwas könnte hinauslaufen, auf welches Rätsel immer. Bis es sich endlich ganz (zu erkennen) gibt: in Gestalt einer rotbraunen Katze im Gras, Symbol für..., aber was symbolisiert schon eine Katze? Noch dazu, wenn sie hin und wieder wie ein Kirchlein aussieht, eben Maria Schnee... ?

Katze und Kirchlein als Leitmotiv, als magische Formel, als ›Falke‹ eh, in dem die Novelle schließlich zu sich selbst kommt, im Herzstück der Idylle, einer verklärten (Sommer)Nacht voller zarter, amüsierter Anspielungen wiederum an Kollegen, die ›all dor‹ waren: der Mahler der »Rückert-Lieder«, nun nicht mehr einfach, wie in »Dolce Madonna Bionda«, verballhornt (»Ich bin allein mit meinem Fimmel«), sondern mit seinem »linden Duft«. Schumann/Eichendorff mit den sacht wogenden Kornähren und dem schon unermeßlich lange toten Großvater. Der Lenau des »Postillon« (»gelind«). Die zwei Lerchen aus dem vierten von Strauß' »Letzten..« (oder sind's die aus »Stille« des Eichendorff-Zyklus?) Und mit seinen »zwei schwarzen Rössern« auf der Weide Mörike.

Aus dem wehmütig brummenden Kopf des Connaisseurs von »Dolce Madonna Bionda« heimgekehrt damit die musikalische Romantik in die Dinge selbst. Nicht länger nur Erinnerungen geweckt an musikalische Bildungserlebnisse bei einem komischen Helden, wie stark sie immer gewesen sein mögen. Niemand quatscht mehr Opern, wie hinreißend auch immer. Nun singen sie selbst, die Dinge, wiederbeseelt von den Stimmen und dem Wohllaut, den ihnen Musiker und Dichter einst haben abgelauscht. Ein Wohllaut, der zwar auch immer noch Zitat ist (Zitat, wie auch Mahler oder Strauß Vertraut-Schönes zitieren); aber auszukennen braucht sich nun niemand mehr. Und wer es trotzdem tut, der sänge denn vielleicht doch lieber stillvergnügt mit Schumann/Eichendorff: »Es weiß und rät es doch keiner / wie mir so wohl ist, so wohl.«

Ralph Gätke

# Komisch wie Franz Kafka
Zu Henscheids Kafka-Geschichten »Roßmann, Roßmann...«
und darüber hinaus

»Kafka soll Humor gehabt haben.«[1] Mit diesem erschütternd ahnungslosen Satz wird das ganze drei Seiten schwache Kapitel über Komik bei Kafka im fast 1600 Seiten starken »Kafka-Handbuch« eingeleitet. Ungläubig muß der Verfasser zur Kenntnis nehmen, was Max Brod über eine Lesung Kafkas im Prager Freundeskreis berichtet: »So zum Beispiel lachten wir Freunde ganz unbändig, als er uns das erste Kapitel des ›Prozeß‹ zu Gehör brachte. Und er selbst lachte so sehr, daß er weilchenweise nicht weiterlesen konnte.«[2]

Im Januar 1913 schreibt Kafka an die nichtsverstehende Felice Bauer: »Ich kann auch lachen, Felice, zweifle nicht daran, ich bin sogar als großer Lacher bekannt, doch war ich in dieser Hinsicht früher viel närrischer als jetzt.«[3]

Kafka erzählt Felice von einem Vorfall, bei dem er sich fast um Kopf und Kragen gelacht hätte. Bei einer Feierstunde in der Arbeiter-Unfall-Versicherungs-Anstalt hatte er über die »ganz und gar sinnlose und unbegründete« Rede seines Vorgesetzten ein »so lautes und rücksichtsloses Lachen« angestimmt, »wie es vielleicht in dieser Herzlichkeit nur Volksschülern in ihren Schulbänken gegeben ist«.[4]

Die Kafka-Philologie hat diese und andere Quellen nicht zum Anlaß genommen, ihr kafkaeskes Kafka-Bild zu revidieren. Ergriffenheitsstarre, Niedergeschmettertheit, Zerknirschung und Zerknitterung sind ihr die einzigen, Kafka angemessenen Rezeptionshaltungen. Eine »Sisyphosarbeit« also, wie Eckhard Henscheid meinte, »jahrzehntelang vom Lesen vertrocknete Hirne dahin zu erweichen, Kafka (wie auch Dostojewski und Beckett, fügt Henscheid ergänzend hinzu, Anm. d. Verf.) als Großhumoristen begreifen zu wollen«?[5]

Henscheid hat 1982 unter dem Titel »Roßmann, Roßmann...« drei Kafka-Geschichten veröffentlicht. Gedacht sind sie weniger für die »vielberufenen Kafka-Experten und Exklusiv-Exegeten« als für die »freisinnigen unter den fühlsamen Kafka-Lesern«[6].

Mit wievielen wird Henscheid da gerechnet haben?

\*

Die erste, titelgebende Geschichte des Bandes verlangt zwar kein Expertenwissen, setzt aber Vorkenntnisse beim Leser voraus. »Roßmann, Roßmann« ist eine Fortschreibung von Kafkas »Amerika«-Romanfragment um ein Kapitel. »Die Entscheidung für diese Idee und diese Form hat nun freilich die Methode zur Folge, die ganz besondere ›Amerika‹-Erzählweise, auch den wunderbaren Tonfall, zumindest partiell zu übernehmen, auch leis parodierend, darüberhinaus doch auch ›persönlich‹ zu verändern.«[7]

Dieser für Kafkas Roman charakteristische Tonfall ist geprägt durch die konsequente perspektivische Beschränkung des Erzählens auf den Horizont der Urteils- und Wahrnehmungsfähigkeit der hochhumanen und rührend naiven Hauptfigur Karl Roßmann. Robert Musil hat diesen spezifischen Ton sehr treffend beschrieben: »Es gestaltet sich in Kafkas Erzählung (...) etwas von der verschütteten Leidenschaft des Kindesalters für das Gute; jenes Gefühl aufgeregter Kindergebete und etwas von dem unruhigen Eifer sorgfältiger Schularbeiten und viel, wofür man keinen anderen Ausdruck als moralische Zartheit bilden kann.«[8]

Der 16jährige Karl Roßmann aus Prag ist wegen einer Affaire mit dem elterlichen Dienstmädchen (von dem er eher überwältigt als verführt zum Vater gemacht worden war) verstoßen worden. Der Roman setzt mit der Ankunft Karls in New York ein. Schon vor dem ersten Landgang erleidet er eine Niederlage im gelobten Land. Der sanftmütige junge Mann solidarisiert sich mit dem erstbesten vermeintlich Schwachen und Getretenen. Etwas voreilig und ohne rechte Kenntnis der Lage verteidigt er einen stumpfen Schiffsheizer gegen die undeutlichen Vorwürfe des rumänischen Obermaschinisten. Vergeblich, der Heizer wird entlassen. Für Roßmann wendet sich zunächst alles zum Guten. Sein millionenschwerer Onkel in Amerika nimmt ihn in sein Haus auf, eine glänzende Karriere scheint Karl zu erwarten. Vorerst aber spielt er Klavier: »Karl erhoffte sich in der ersten Zeit viel von seinem Klavierspiel und schämte sich nicht, wenigstens vor dem Einschlafen an die Möglichkeit einer unmittelbaren Beeinflussung der amerikanischen Verhältnisse durch dieses Klavierspiel zu denken.«[9]

Aber es reicht nicht einmal zur Verbesserung der eigenen Verhältnisse. Als er die Autorität des Ersatzvaters verletzt, wird Karl erneut verstoßen, und damit beginnt sein unaufhaltsamer sozialer Abstieg. Der Arg- und Truglose schließt sich zwei heruntergekommenen Gestalten an – Robinson, einem dümmlichen Iren, und Delamarche, einem verschlagenen Franzosen. Als selbst dem duldsamen Roßmann die Betrügereien seiner Gefährten zu viel werden, trennt er sich von den beiden Ganoven und findet durch die Protektion einer mütterlichen Oberköchin eine Anstellung im »Hotel Occidental« – auf der untersten Stufe der grotesken Hierarchie dieses Unternehmens: als Liftboy. Trotz tadelloser Anpassung und Pflichterfüllung wird Karl schon bald entlassen – von einem väterlichen Oberkellner.

Karls Leidensweg führt jetzt in außerbürgerliche Welten. Er wird Diener der ungeheuren, ungestalten, ins Riesenhafte aufgeschwemmten Brunelda, einst Opernheroine, jetzt Geliebte Delamarches. Das Quartett (auch Robinson ist wieder dabei) lebt in einer verwahrlosten Wohnung – Karl vorwiegend auf deren Balkon.

Im Schlußkapitel des Romans deutet sich eine Erlösung an. Das »Naturtheater von Oklahoma« lockt mit einem großsprecherischen, aber dennoch verheißungsvollen Werbeplakat: »Wer an seine Zukunft denkt, gehört zu uns! Jeder ist willkommen! (...) Verflucht sei wer uns nicht glaubt!«[10] Karl wird als technischer Arbeiter eingestellt, das Schlußfragment endet mit der Abreise nach Oklahoma.

Ist das auch das Ende der Passion Karl Roßmanns und der Beginn einer von ihm so ersehnten bescheidenen Laufbahn in Amerika?

Max Brod teilt mit, Kafka habe gesprächsweise, »lächelnd« und »mit rätselhaften Worten«, angedeutet, Karl Roßmann solle im Naturtheater von Oklahoma am Ende »Beruf, Freiheit, Rückhalt, ja sogar die Heimat und die Eltern wie durch paradiesischen Zauber wiederfinden«.[11] Dagegen steht jedoch eine Tagebucheintragung Kafkas, in der er den »schuldlosen« Karl Roßmann mit dem »schuldigen« Josef K. aus dem »Prozeß« vergleicht. Beide würden schließlich »unterschiedslos strafweise umgebracht, der Schuldlose mit leichter Hand, mehr zur Seite geschoben als niedergeschlagen«.[12] (Kafkas Manuskript trägt keine Überschrift. Als Romantitel vorgesehen aber hatte er »Der Verschollene«. Der optimistischere Titel »Amerika« war 1927 von Max Brod für die Erstausgabe gewählt worden).

In Henscheids Fortschreibung des Romans darf Karl Roßmann nicht getrost sein, das Naturtheater von Oklahoma ist nicht die paradiesische Endstufe, der Leser erfährt auch nichts über Karls dortige Erlebnisse. Der inzwischen 18jährige kehrt nach Auflösung des Naturtheaters mit einer Gruppe deutsch-österreichischer Westernautoren zurück – ins, freies Spiel der Anachronismen, New York der siebziger Jahre.

Henscheid setzt souverän Kafkas introspektive Erzählweise fort, der kindliche Held wird durch die (unkommentierte) Wiedergabe seiner Wahrnehmungsabläufe und Denkbewegungen charakterisiert.

Karl Roßmann ist hin- und hergerissen zwischen banger Verzagtheit und traumverlorener Zuversicht, in der großen Stadt sein Glück zu machen. Sich Mut zusprechend, erscheinen ihm schon die Gehsteige verheißungsvoll – er sucht die Trottoirs nach Münzen ab. Dabei nimmt er sich vor, nur bereits liegendes Geld aufzuheben, »nicht etwa gerade fallendes – solches würde er dem Verlierer vielmehr pfeilschnell zurück in die Hand pressen«. Bestünde da nicht Aussicht auf Finderlohn? Ja, mehr noch, »der Verlierer würde ihn, werweiß, am Ende auch noch adoptieren, um ihn der ehrlichen Gesellschaft wieder einzugliedern, ihn vielleicht eines Tages dann dem Onkel Senator vorzustellen (...) Wie freute Karl sich im voraus!«[13]

Leicht konfus und sanft verwirrt erwägt Karl verschiedene berufliche Laufbahnen. Der New Yorker Feuerwehr würde er sich gern anschließen, »als Rottenführer oder doch als freiwilliges Mitglied auf Trinkgeldgrundlage«[14]. Sehr von Vorteil wäre auch eine Anstellung als Gebäudereiniger am höchsten Haus der Stadt. Dort wäre er für seinen Peiniger Delamarche, den Karl hinter jeder Straßenecke lauern sieht, unerreichbar. Karl aber verwirft diesen Gedanken schnell: »Die Welt würde staunen, wie wenig er als Gebäudereiniger zuwege brächte.«[15] Geschwächt durch Hunger, Müdigkeit und Hitze rechnet der Schuldlose auf seinem Tagesmarsch durch New York jederzeit damit, wegen Nichtsnutzigkeit und »Versagens insgesamt«[16] verhaftet zu werden, halluziniert gar Fahndungsplakate: »Gewünscht: Karl Roßmann!«[17] Vorerst gerettet wird Karl von einer mit erstaunlichen Befugnissen ausgestatteten Klofrau der New Yorker »Wienerwald«-Filiale. Die fürsorgliche Frau hat bei Henscheid natürlich »durchaus etwas Oberköchinnenhaftes an sich«[18]. Zu allem Glück fällt dem beseligten Karl Roßmann dann auch noch eine bayrische Kathi als Braut zu.

Henscheid trifft zum Lachen genau die amtlich-umständliche und artifiziell-schlichte Redeweise Roßmanns, wenn der seiner künftigen Gattin sehr sorgsam erläutert, daß er »jenseits des Ozeans durchaus auf die Mittelschule gegangen sei, um Maschinenbau zu studieren und schließlich Ingenieur zu werden – allein die Verhältnisse in Amerika und zumal New York gestatteten ja keineswegs in jedem Fall (...) das erlernte Wissen bestmöglich einzusetzen, auch wenn eins von Natur sehr bereitwillig sei, um ihm zum Erfolg und endlich zur Durchsetzung und zum Gewinn zu verhelfen (...).«[19]

Was Kathi denn studiert habe? »An sich Gemeindeschwester« antwortet das, wie Karl wähnt, »ganz feine junge Mädchen«.[20] Nein, leider, ein ganz frivoles, schon liederliches junges Mädchen ist diese Kathi, Henscheid-Lesern bereits bekannt aus dessen Erzählung »Die Lieblichkeit des Gardasees«. Nach der unverzüglich vollzogenen Eheschließung kommt Karl die Angetraute ebenso umgehend wieder abhanden. Allzu bereit folgt sie dem ehestiftenden Kirchenmann, einem vergaunerten Multimedia-Evangelisten.

In Henscheids kongenialer Nach- und Fortdichtung gereicht dem heilandsmäßig aus der Welt gefallenen Karl Roßmann am Ende ein geschecktes Katzentier zum Trost: »Karl setzte sich aufrecht in sein Bett, das Kätzchen sah ihn stärkend nochmals an mit Nachdruck. Da fühlte Karl es und wußte es, daß dies mitnichten alles Unsinn sei und als ein Unsinn rasch vergänglich, in Nichts und Staub ja schon zerfalle; sondern das Erz der reinen Wahrheit.«[21]

\*

Kafka, der sich zuzeiten nach »besinnungsloser Einsamkeit«[22] sehnte und in Besuchen »förmlich gegen mich gerichtete Bosheit«[23] sah, war in hellen Tagen ausgesprochen gemeinschaftssüchtig. »Sag nichts gegen die Geselligkeit. Ich bin auch wegen der Menschen hergekommen (...). Wie lebe ich denn in Prag!«[24] schreibt er im Juli 1912 an Max Brod aus dem Harzer »Jungborn«, einer »Musteranstalt für reines Naturleben«. Brod hatte verständliche Schwierigkeiten, sich den Freund beim Vollzug des täglichen Programms der Kurgesellschaft vorzustellen: in der Frühe ein »Morgenappell« genanntes Nacktkrabbeln, gemeinsames Turnen, Singen von Chorälen, Ballspiele in großem Kreis; nachmittags Heu wenden und Grünfutter aufladen.

Kaum zu glauben. Aber Kafka gefiel's: »Schöne Freiheit. Im Park, Lesezimmer usw. bekommt man hübsche, fette Füßchen zu sehen.«[25] Und völlig enthemmte alte Menschen: »Wie ein wildes Tier jagt plötzlich ein Greis über die Wiese und nimmt ein Regenbad.«[26] Immerhin, an entscheidender Stelle unterscheidet sich Kafka von den Harzer Naturisten: »Alle, bis auf mich, ohne Schwimmhosen.«[27] Kafka kann sich mit den Nackten abfinden – solange sie still vor seinem Haus liegen: »Hie und da bekomme ich leichte, oberflächliche Übelkeiten, wenn ich, allerdings in einiger Entfernung, diese gänzlich Nackten langsam zwischen den Bäumen sich vorbeibewegen sehe. Ihr Laufen macht es nicht besser (...). Sie kommen auch so unhörbar heran. Plötzlich steht einer da, man weiß nicht, woher er gekommen ist. Auch alte Herren, die nackt über Heuhaufen springen, gefallen mir nicht.«[28]

Der Mann mit den Schwimmhosen bewegt sich im »Grenzland zwischen Einsamkeit und Gemeinschaft«[29], hier hält er sich jetzt lieber auf als in seiner Prager Eremitage, denn, so zumindest der junge Kafka, »Einsiedelei ist widerlich, man lege seine Eier ehrlich vor aller Welt, die Sonne wird sie ausbrüten«[30].

Die Sonne möglicherweise, aber kaum jene drei unsäglichen Prager Junglehrer Winni, Ulli und Diddi, die Kafka in Henscheids Geschichte überreden, an der Verfilmung seiner »Landarzt«-Erzählung überwachend teilzunehmen und ihn so ins erzbanale Leben locken. »Kafka hätte es wissen, hätte sie immerhin ahnen müssen, die Tücken jener rosig unheilstarken Wallung, die das schöne Beisammensein mit dem eigenen Alleinsein lösend, Hoffnung auf was immer säuselnd, gaukelnd ins Verderben doch nur schleppte. Doch Kafka ahnte zwar, sah beinahe alle sich anbahnenden Ungenauigkeiten und Schrecknisse scharf voraus – und kühn machte er trotzdem mit.«[31]

Henscheids Kafka also faßt einen Entschluß, den der reale Kafka in einem Anfall von seltenem und dann auch gleich blindem Wagemut erwogen, aber nicht ausgeführt hatte: »Lieber Scheuklappen anziehn und meinen Weg bis zum Äußersten gehn, als daß sich das heimatliche Rudel um mich dreht und mir den Blick zerstreut.«[32]

Henscheids Geschichte »Franz Kafka verfilmt seinen ›Landarzt‹« gründet auf einer »allseitigen Anarchie der Anachronismen«[33], deren mildester ja noch ist, daß Kafka nach Veröffentlichung des »Landarzt« nicht mehr, wie bei Henscheid, in der Alchimistengasse wohnte. Wohl aber war dort die Erzählung im Winter 1916/17, ein halbes Jahr vor Ausbruch der Lungenkrankheit, entstanden. Henscheid konserviert einen Kafka, der noch im Vollbesitz seiner schwachen Kräfte ist. Die hohe Komik der Geschichte wächst aus der Grundidee, den scheuen Kafka (dessen skrupulöse Denk- und Empfindungsweise Henscheid präzis nachbildet, wo er sie nicht geradewegs zitiert) einer schamfrei mit Imponier- und Renommiervokabeln auftrumpfenden Schaumschlägerkultur auszusetzen.

Drehort des heillosen Filmunternehmens ist nicht das winterliche Böhmen, sondern die sommerliche Adriaküste. Nach Apulien haben die Junglehrer den »set« verlegt, um dort »die Schneesymbolik von Ihrem ›Landarzt‹ adäquat durch unheimliche Hitze, also praktisch Tropen, zu transportieren bzw. also zu transponieren jedenfalls«.[34] Die in Kafkas Erzählung so überraschend aus einem Schweinestall hervorkriechenden Pferde (»Man weiß nicht, was für Dinge man im eigenen Haus vorrätig hat«[35]), die den Landarzt in einer kalten Nacht zum zehn Kilometer entfernten Krankenlager bringen, werden – Verfremdungseffekt – durch ein Sportcoupé ersetzt. Derlei verleihe der »story« erst die richtige »Aktualisierung, also praktisch modernen Mythos«[36]. Der fiktive Kafka ist von der ragenden Idiotie des Projekts bereits infiziert, wenn er sich vorerst auch noch vorsichtig wundert, hält er doch gerade den »Landarzt« für »eines seiner ›absolut unverfilmbarsten Prosawerke‹ (und bei diesen letzten drei Worten schauerte Kafka rasch wohlig erschreckt zusammen)«[37].

Henscheid ist von der deutschen Literaturkritik immer wieder aus schierer Gedankenlosigkeit und barer Unkenntnis der Grundbegriffe des Komischen als Satiriker bezeichnet worden. Die Darstellung der filmischen Kafka-Adaption durch die drei losgelassenen Lehrer gehört zu den raren Passagen in Henscheids erzählerischem Gesamtwerk, die als satirisch gelten können. Der auffahrende Schmäh der Medienschmocks ist freilich nur geringfügig überzeichnet und verzerrt.

Satire dann wohl auch auf die schwerausgebrütete wissenschaftliche Kafka-Rezeption, die gegen die »Landarzt«-Erzählung hermeneutische Hilfskonstruktionen theologischer, existentialistischer, psychoanalytischer und edelakademisch-französischer Art in Anschlag gebracht hat. Dabei spricht nichts dagegen, an der Textoberfläche zu bleiben und Kafkas Geschichte plan zu lesen.

Seit 1903 verbrachte Kafka Teile seines Urlaubs immer wieder in naturheilkundlichen Sanatorien. Sein hohes Vertrauen in die Naturheilkunde hatte vor allem einen Grund: tiefes Mißtrauen gegen die Schulmedizin. Wenn es um das Treiben der Ärzteschaft ging, konnte der Sanftmütige erstaunlich grob werden: »Diese empörenden Ärzte! Geschäftlich entschlossen und in der Heilung so unwissend, daß sie, wenn jene geschäftliche Entschlossenheit sie verließe, wie Schuljungen vor den Krankenbetten stünden (...) Das Dienstmädchen fällt beim Einheizen hin, der Doktor erklärt es mit jener Schnelligkeit der Diagnose, die er gegenüber Dienstmädchen hat, für verdorbenen Magen und Blutandrang infolgedessen, am nächsten Tag legt sie sich wieder nieder, hat hohes Fieber, der Doktor dreht sie rechts und links, konstatiert Angina und läuft rasch weg, um nicht vom nächsten Augenblick widerlegt zu werden.«[38] Später ist ihm gar »jeder mit internen Leiden sich beschäftigende Specialist ein niederschießenswerter Herr«.[39]

In diesem Lichte lese man Kafkas Geschichte vom geplagten und überforderten Landarzt. Am Krankenlager stellt der eine erste Diagnose: »Es bestätigt sich, was ich weiß: der Junge ist gesund, ein wenig schlecht durchblutet, von der sorgenden Mutter mit Kaffee durchtränkt, aber gesund und am besten mit einem Stoß aus dem Bett zu treiben.«[40] Erst als die Schwester des Patienten ein blutiges Handtuch aus dem Krankenbett zieht, ist der flüchtige Doktor »irgendwie bereit, unter Umständen zuzugeben, daß der Junge doch wirklich krank ist«[41]. In dessen Hüftgegend findet er jetzt eine handtellergroße Wunde. Die Familie des Kranken sieht den Arzt in Tätigkeit und hofft auf Rettung: »So sind die Leute in meiner Gegend. Immer das Unmögliche vom Arzt verlangen. Den alten Glauben haben sie verloren; der Pfarrer sitzt zu Hause und zerzupft die Meßgewänder, eines nach dem andern; aber der Arzt soll alles leisten mit seiner zarten chirurgischen Hand.«[42]

Die Szene wird zum Ritual. Am Krankenbett kommen die Dorfältesten zusammen, dazu der Schulchor mit dem Lehrer an der Spitze. Sie singen eine einfache Melodie auf den Text:

> Entkleidet ihn, dann wird er heilen,
> Und heilt er nicht, so tötet ihn!
> 's ist nur ein Arzt, 's ist nur ein Arzt.[43]

Der Doktor wird nackt zu dem Sterbenden ins Bett gelegt und muß dessen Zweifel an seiner Heilkunst anhören: »Weißt du, mein Vertrauen zu dir ist sehr gering.«[44] Hier ist nicht mehr zu helfen. »Es ist eine Schmach. Nun bin ich aber Arzt. Was soll ich tun?«[45] Trost spenden: »Deine Wunde ist so übel nicht. (...) Nimm das Ehrenwort eines Amtsarztes mit hinüber.« Und tatsächlich: »Er nahm's und wurde still.«[46] Höchste Zeit für den Mediziner zu fliehen: »Lange klang hinter uns der neue, aber irrtümliche Gesang der Kinder: ›Freuet Euch, ihr Patienten, der Arzt ist Euch ins Bett gelegt!‹«[47] Ein Alptraum für alle Beteiligten. Der Landarzt aber vermag sein vollständiges Scheitern und Versagen noch immer nicht einzusehen. Er fühlt sich betrogen: »Einmal dem Fehlläuten der Nachtglocke gefolgt – es ist niemals gutzumachen.«[48]

Kafka ist komisch. Verflucht sei, wer uns nicht glaubt.

Henscheid scheint eine ähnlich unverstellte Lesart der Erzählung zu favorisieren. Als sein Landarzt-Darsteller laut Drehbuch in der Schlußszene sagt: »Was bin ich alter Mann betrogen, ah, betrogen«, vermeint der lauschende Kafka »betrunken, betrunken« zu hören. »Kafka lachte lautlos auf. Na klar! Nicht anders war der ›Landarzt‹-Text von ihm ja auch gemeint. Finsternis liegt auf der Erde und kein Geist schwebt überm Wasser. Lang ist die Zeit, allein, Emphase läßt das Wahre sich ereignen.«[49]

Hauptdarsteller ist ein überaus agiler und widerständiger Sechziger, Ferenc Knitter, Ungarböhme, Lebensversicherungsagent im Außendienst und ehemals K.u.K.-Schauspieler an diversen Bühnen: »Ich habe (...) alles gespielt, alles! Scheiß und Gutes. Schiller, Hebbel, Fontane, Oskar von Lilienchron, ›John Maynard hieß der Steuermann, hielt fest bis er das Steuer getan‹ – alles! Dann natürlich auch Klamotte – Napoleon, Bettelstudent, Nathan, Schneider aus Dingsda – alles!«[50] Dieser vor Borniertheit strahlende, zumeist durch verschiedene Alkoholika befeuerte (»Garçon! Drei Flaschen Rotwein oder Franken, was Sie haben, was Sie wollen«[51]), vollkommen enthemmte Schwadroneur ist eine Figur, wie sie in Büchern steht – in denen Henscheids und Dostojewskis. Henscheid hat mehrfach, dem Verständnis seiner »Trilogie des laufenden Schwachsinns« aufzuhelfen, auf Dostojewski als literarisches Vorbild hingewiesen. Der sei, andauerndes Mißverständnis seiner Ausleger, keineswegs ein »Autor von Tiefsinn und Tran, von Tragik und Gottsuche, von Selbstmord und Erlösung. (...) In Wahrheit handelt Dostojewskis Epik von Lautheit, Geschwätzigkeit, Disparatheit und Geistlosigkeit ad infinitum. (...) Was die Romane Dostojewskis wirklich trägt und genial macht, ist die immer wieder explodierende Wahnfugskomik, nämlich die der Gestalten innerhalb von Gruppen und in unverhältnismäßigen, ›danebenen‹, zotigen, eben ›peinlichen‹ Situationen und Situationskombinationen.«[52]

Mit seiner Geschichte »Franz Kafka verfilmt seinen ›Landarzt‹« erweist sich Henscheid ebenfalls und abermals als lebenskundiger Virtuose des verkommenen Geschwätzes. Höhepunkt ist eine 25 Seiten lange Passage, in der Henscheid kunstreich und kalkuliert Knitters krause Lebensphilosophie zu einem wahnwitzigen Monolog von höchster Komik verdichtet. Kafka, der in einer Gewitternacht diesem »explodierenden Wahnfug« ausgesetzt ist, sieht sich zu einer anerkennenden Feststellung genötigt: »Die Weisheit, dachte Kafka, dieses Mannes ist der Lärm, ist der sehr große Lärm. Warum soll man ihn darum nicht leishals loben?«[53] Kafkas stilles Vergnügen an dem lauten Mann ist durchaus nicht überraschend. Am 28. Februar 1912 schreibt er in sein Tagebuch, er habe bei Gelegenheit die Erfahrung gemacht, »wie erfrischend es ist, mit einem vollkommenen Narren zu reden. Ich habe fast nicht gelacht, sondern war nur ganz aufgeweckt.«[54]

Am Ende wehrt sich Henscheids Kafka auch nicht mehr gegen die Statisten- und Kleinstkomparsenbande, eine mit dröhnendem Frohsinn und Adidas-Hemdchen ausgestattete Wasserballmannschaft, er versinkt ins »Schwachsinnsidiom der ›Deppenrepublik‹ – endlich ein Mensch unter Menschen«[55]. So Dieter E. Zimmer, dem das Verdienst zukommt, die, soweit ich sehe, erste umfassende und angemessene Rezension der Arbeiten Henscheids geschrieben zu haben.

\*

Der dritte und kürzeste Text des Bandes (»Der Mann, der nicht bumsen wollte«) ist ein hochprozentiger Bierzeltmonolog über Kafkas geschlechtliche Reglosigkeit (»Der Coitus als Bestrafung des Glückes des Beisammenseins«[56]). Henscheid überschreitet hier die Promillegrenze für Rollenprosa, der komische Ertrag fällt gering aus. Um sein Viertelwissen über Kafkas Biographie aufzubessern, erwägt Henscheids Dumpftöner einmal kurz, eine Kafka-Autorität zu konsultieren: »Wagenbach anrufen? – Aber wo.«[57]

Aber ja, oder, besser noch, mit klarem Kopf Kafkas Tagebücher und Briefe lesen. Dort findet sich Ergiebigeres über dessen sexuelles Dilemma. Im August 1920 berichtet Kafka Milena rückblickend von seiner »ersten Nacht« mit einem Ladenmädchen in einem Hotel auf der Prager Kleinseite. Ein prägendes Erlebnis für den damals 20jährigen: »(...) reizend, aufregend, abscheulich«[58]. Auslöser seines faszinierten Erschreckens war, »daß das

Mädchen im Hotel eine winzige Abscheulichkeit gemacht hat (nicht der Rede wert), eine kleine Schmutzigkeit gesagt hat (nicht der Rede wert), aber die Erinnerung blieb (...).«[59]

Henscheids Schwallkopf kennt diesen Brief offenbar nicht, was für schmutzige und abscheuliche Spekulationen hätte er hier anknüpfen können.

1 »Kafka-Handbuch in zwei Bänden«, hg. von Hartmut Binder, Bd. 2: »Das Werk und seine Wirkung«, Stuttgart 1979, S. 45. – 2 Max Brod: »Über Franz Kafka«, Frankfurt/M. 1974, S. 156. – 3 Franz Kafka: »Briefe an Felice und andere Korrespondenzen aus der Verlobungszeit«, hg. von Erich Heller und Jürgen Born, Frankfurt/M. 1970 (= Gesammelte Werke, hg. von Max Brod), S. 237. Im folgenden abgekürzt: F. – 4 Ebd., S. 238 f. – 5 Eckhard Henscheid: »In brandeigener Sache«, in: »Der Rabe«, 4, 1983, S. 164. – 6 Ders.: »Roßmann, Roßmann... Drei Kafkageschichten«, Zürich 1982, S. 275 f. Im folgenden Abgekürzt: RR. – 7 Ebd., S. 275. – 8 Robert Musil: »Literarische Chronik«, in: »Die neue Rundschau«, 1914, S. 1170. – 9 Franz Kafka: »Der Verschollene«. Kritische Ausgabe, hg. von Jost Schillemeit, Frankfurt/M. 1983, S. 60. – 10 Ebd., S. 387. – 11 Franz Kafka: »Amerika«, Frankfurt/M. 1953 (= Gesammelte Werke, hg. von Max Brod), S. 356 f. – 12 Ders.: »Tagebücher 1910–1923«, Frankfurt/M. 1954 (= Gesammelte Werke, hg. von Max Brod), S. 481. Im folgenden abgekürzt: T. – 13 RR, S. 32 f. – 14 Ebd., S. 62. – 15 Ebd., S. 62. – 16 Ebd., S. 31. – 17 Ebd., S. 67. – 18 Ebd., S. 86. – 19 Ebd., S. 82. – 20 Ebd., S. 82. – 21 Ebd., S. 98. – 22 T, S. 306. – 23 Ebd., S. 320. – 24 Franz Kafka: »Briefe 1902–1924«, Frankfurt/M. 1958 (= Gesammelte Werke, hg. von Max Brod), S. 101. Im folgenden abgekürzt: Br. – 25 T, S. 667. – 26 Ebd., S. 677. – 27 Ebd., S. 667. – 28 Ebd., S. 669 f. – 29 Ebd., S. 548. – 30 Br, S. 17. – 31 RR, S. 101. – 32 T, S. 514. – 33 RR, S. 256. – 34 Ebd., S. 107. – 35 Franz Kafka: »Ein Landarzt«, in: »Sämtliche Erzählungen«, hg. von Paul Raabe, Frankfurt/M. 1977, S. 124. Im folgenden abgekürzt: E. – 36 RR, S. 114. – 37 Ebd., S. 106. – 38 T, S. 265. – 39 F, S. 587. – 40 E, S. 126. – 41 Ebd., S. 127. – 42 Ebd., S. 127. – 43 Ebd., S. 127. – 44 Ebd., S. 127. – 45 Ebd., S. 128. – 46 Ebd., S. 128. – 47 Ebd., S. 128. – 48 Ebd., S. 128. – 49 RR, S. 221. – 50 Ebd., S. 234. – 51 Ebd., S. 134. – 52 Eckhard Henscheid: »Mein Lesebuch«, Frankfurt/M. 1986, S. 74 und S. 89. – 53 RR, S. 241. – 54 T, S. 263. – 55 Dieter E. Zimmer: »Astrein. Echt Spitze«, in: »Die Zeit«, 1.7.1983. – 56 T, S. 315. – 57 RR, S. 272. – 58 Franz Kafka: »Briefe an Milena«, erw. und neugeordnete Ausgabe, hg. von Jürgen Born und Michael Müller, Frankfurt/M. 1983, S. 197. – 59 Ebd., S. 197 f.

Manfred Dierks

# Henscheid im Ohr
Die Neigung der Satire zum Lautgedicht

Wo steht Henscheid denn?

Bei Karl Kraus oder Tucholsky hat man das genau gewußt, was sie nämlich politisch, moralisch und auch als Kulturkritiker meinten. Kraus stand für Kriegsgegnerschaft, war gegen die ›Sittlichkeit‹ und für so manchen Außenseiter in der Kunst. Diese Positionen waren von den »Fackel«-Lesern auch jederzeit beim konkreten Eigennamen zu benennen: für den gefallenen Dichter Franz Janowitz und gegen die Kriegsberichterstatterin Schalek, für das Freudenmädchen Marie Schmidt und gegen den Richter Hanusch, für Brecht, gegen Kerr. Das ist dann bei Tucholsky noch ausgeprägter. Was er liebte oder haßte, das ergab klare Fronten, mit Personennamen benennbare, und in seinen letzten »Weltbühnen«-Jahren kannte man auch die politische Partei, für die er optierte (die KPD).

Kraus und Tucholsky haben sich an so klare Frontverläufe gehalten. Gewiß, urplötzlich konnte einer aus Kraus' Gnade fallen und fand sich dann im feindlichen Graben wieder, wie Ehrenstein oder Werfel. Das änderte aber nichts am kunstrichterlich bestimmten Verlauf der Gräben diesseits und jenseits der literarischen ›Wahrheit‹ – es machte nur gespannt darauf, wie Kraus nun den Lesern seinen Sympathie-Irrtum über den »literarischen Scheinmenschen« Franz Werfel erklären würde. Zwischendurch zwar immer wieder höhnische Selbstdenunziationen: Es habe »ja nie an Optimisten gefehlt, die meine radikale Weltverneinung als eine Kritik reparabler Zustände auffassen wollten«. Da geht dann Kraus' enormes Größenselbst mit ihm zu weit durch, es muß die ganze Welt sein. Das ist natürlich keine Topographie mehr für den Satire-Leser, und auch die Satire selbst erschöpft sich rasch an einem so globalen Gegenstand. So macht sich Kraus dann immer wieder an die Kritik reparabler Einzelzustände. Man weiß weiterhin Bescheid bei ihm: Er ist aus gutem Grund für ... und gegen ...

Als Satire-Leser brauchen wir diese Topographie von Gut und Böse, Hell und Dunkel, Liebe und Haß. Der Hauptgrund dafür ist kein kleiner: Der Satiriker führt uns seine Größenphantasien vor, und wir treten in sie als Teilhaber ein. Er weiß gottvaterhaft Bescheid, an ihm wird die Prophezeiung der Paradiesschlange einmal wahr: Ihr werdet sein wie Gott und wissen, was gut und böse ist! Schon die Mitwisserschaft daran läßt uns enorm wachsen. Volle Größentraumstatur aber erlangen wir erst, wenn wir die richterlichen Gesten und Urteile des Satirikers mitvollführen dürfen. Hier zwingen wir dann mit ihm das Böse zu Füßen des Ideals, und noch die steilsten und schärfsten Urteile sind gerechtfertigt, noch das Todesurteil: »ich vermisse diese (Journalisten) in der Totenliste der Titanic« (Kraus). Das ist bei Gott allerhand, und soviel Aggression ist auch nur dem Satiriker – und uns, den Beisitzenden Richtern – erlaubt. Erlaubt? Nein, das Ideal erfordert diese Urteilsschärfe geradezu. Dafür muß es allerdings auch zweifelsfrei sein, eindeutig ausmachbar: als Wahrheit oder Naturrecht oder als Sozialismus. Es taugt sonst nicht dazu, dem Satiriker seinen außermoralischen Wunsch nach Größe zu legitimieren und den unmoralischen nach Aggression. Kraus und besonders Tucholsky hatten es da gut. Die Zeiten, in denen sie schrieben, waren schlimm genug. Sie bekräftigten ihnen Ideal und damit Größe (durchaus auch Tucholsky, dem Anwalt der Niedergehaltenen) und schärften es immer wieder nach mit den eindeutigsten Fällen. Wo Kraus oder Tucholsky ›standen‹ in ihrer Zeit, das ließ sich immer deutlich ausmachen.

Wo aber steht Henscheid? Was sind denn seine eindeutigen Ideale? Muß er sie überhaupt haben? »Dochdoch«: Auch Henscheids Satire lädt uns zu gemeinsamen Größentagträumen ein, und in puncto Aggression teilt auch er nicht schlecht aus. Beides darf er nur im Auftrag eines Ideals. Damit allerdings steht es heutzutage komplizierter als zu Kraus' oder Tucholskys Zeiten. Ideale oder ihnen als Überbaustütze vergleichbare kräftige Wahnbilder kommen in unserer Gesellschaft derzeit nur in wenigen Extrempositionen vor. Die Sozialdemokratie ist eine gute Idee, aber kein Ideal. Oder, abstrakter: Gleiches Recht für alle? Die Eindeutigkeit und der Hoffnungsglanz sind von diesem Ideal abgefallen, seitdem man weiß, daß es sich dabei oft nur um eine Finanzfrage handelt. Oder, noch abstrakter: Naturrecht? Wahrheit? Sprachmetaphysik? Eben. Fest aufgerichtete Ideale sind das nicht mehr, sie fristen eher die Existenz von Zitaten aus besseren Zeiten. Wenn Henscheids Satire in diese Positionen tritt, lese ich ihren Zitatcharakter mit.

## Zitierte Moral und einzig feste Position: gegen die Torheit

Das soll nun nicht heißen, daß Henscheid die überkommenen Pflichten des Satirikers versäumt. Er versieht sie bekanntlich hervorragend. Da ist zuvörderst das Amt des Vorsitzenden Richters, der unerbittlich seine Fälle erledigt. *Kiel 1987* – hier wird weniger der Fall Barschel verhandelt als die Zubereitung des Skandals durch die daran verdienende Presse. Zum Schluß wird der »stern« zu fünf Millionen Buße verurteilt, die allerdings von seinen Lesern aufzubringen sind. *Brauchitsch, ein deutscher Mann* – der sich bei der Untersuchung zwar als korrupt herausstellt, den Richter aber versöhnlich stimmt durch einen Verdacht, den die Poesie seiner heimlichen Notizen erregt: Er habe eigentlich Schriftsteller werden wollen. Zu Recht wird dann auch nicht er, Brauchitsch, der nur nachahmende Künstler, verurteilt, sondern das schlimme Original: Flick und die weitere Elite unserer Republik. Der neue bayerische SPD-Fraktionsvorsitzende Hiersemann wird als *ein starker Hoffnungsträger* verhandelt – sofern Hoffnung, meint dann das Urteil, sich davon etwas versprechen kann, daß einer nur ein enormer Anpasser ist und sonst gar nichts. Bleiben wir bei den *erledigten Fällen*. Hier ist der Satiriker Henscheid aus unserer Perspektive am deutlichsten erkennbar, sind die Partien von Richter und Gerichteten wünschenswert klar verteilt. Da forschen wir nun erst einmal nach den Grundwerten, um die es in den drei angeführten Fällen geht. Also, *Kiel 1987* – Grundwert: Wahrhaftigkeit; *Brauchitsch* – Grundwert: Ehrlichkeit; *starker Hoffnungsträger* – Grundwert: Aufrichtigkeit. Nun stellt sich allerdings heraus, daß die in den doch so verschieden gelagerten Fällen verhandelten Grundwerte zu einem zusammenfallen: Wahrhaftigkeit. Das von Henscheids Satire hochgehaltene Ideal wäre demnach: die Wahrheit. Sie allein ist der Bezugspunkt, von dem her die richterliche Strenge und das Urteil ihre Berechtigung beziehen. Merkwürdige Vorstellung, aber doch zutreffend: »stern« und Flick und Hiersemann hätten der Wahrheit dienen sollen – das will Henscheids Satire im Grunde sagen, ohne diese Voraussetzung funktioniert sie nicht. Nun ist das kein spezifisch Henscheidscher Sachverhalt. Bei Kraus und Tucholsky verhält sich das nicht anders. Doch merke ich da einen ganz entscheidenden Unterschied. Kraus und noch mehr Tucholsky wird das von ihren Satiren vorausgesetzte Wahrheitsideal noch als vorhanden und erreichbar geglaubt. Auch nicht die steilste Behauptung Karl Kraus', seine Satire erschaffe sich die Realität erst und deren Wahrheit liege längst nicht mehr in den Inhalten, sondern in der Kunstform, hat seine Leser davon abbringen können, es gehe Kraus letztlich doch um empirisch Faßbares. Schlimme Zustände, von Kraus auf die bislang verfehlte Wahrheit zugeführt, würden dann – jedenfalls potentiell – reparabel. Hier profitiert Satire noch von der satirischen Tradition der Aufklärung, sie ergötze und nütze.

Heute und bei Henscheid ist das vorbei. Das Wahrheitsideal wird zwar errichtet in seiner Satire, doch weder Henscheid noch seine Leser scheinen an seine aktuelle Existenz zu glauben. Es steht in den Texten wie ein Karl-Kraus-Zitat. Eine für das Funktionieren der Satire notwendige Wahrheitsmoral wird aus Zeiten, da es sie gab, in unsere Gegenwart zitiert. Daß der Text sie nur wider besseres Wissen für bare Münze nimmt, zeigt er fast regelmäßig selber an: An einer bestimmten Stelle wird der zu erledigende Einzelfall durchsichtig auf einen allgemeinen Weltzustand hin. Da zeigt sich plötzlich in der Sphäre des Herrn von Brauchtisch »beinahe eine neue Teleonomie. Hochlibidinös wurschtelt und werkelt hier die Verblödung selber vor sich hin.« Die Konturen der Wirklichkeit lösen sich auf. »Alles fließt, vieles ist zu befürchten, das meiste momentan vollends unbegreiflich« – solchen Wahrnehmungstaumel hat der Fall Hiersemann zwar ausgelöst, aber von der Dimension her wenig damit zu schaffen. Mit ähnlich starken Worten beschreibt schon Schopenhauer das Grausen des Menschen, wenn auf dem Meere der Metaphysik der Kahn der Selbstgewißheit ins Schwanken gerät und der Mensch an den Erkenntnisformen der Erscheinung irre wird. – »Geht die Welt zugrunde?« Noch nicht oder schon gar nicht wegen des *Falls Friedrich Nowottny. Intendant*, aber für die Frage war er schon gut. Als eines der zunehmenden »Phantomereignisse« stellt sich die Wahl Nowottnys zum WDR-Intendanten dar und hinterläßt den Eindruck der Spukhaftigkeit der Welt überhaupt. *Panta rhei* und »Telosschwund« – das ist in Henscheids Satire die eigentliche Weltformel, die fahl hinter dem bemühten Wahrheitsideal aufscheint. Ist das nicht aber Karl Kraus' Koketterie mit dem Chaos, die Kraftgeste der Scheinresignation »vor einem Getriebe, dem ohnedies schon in jeder Stunde ein Hohngelächter der Hölle antwortet«? Vielleicht möchte sie es sein. Sie ist es aber nicht. Henscheids Subjekt der Satire hat nicht mehr Kraus' Selbstgewißheit, dem Zerfall der Welt die eigene Kunst als deren Neuschöpfung entgegenzusetzen. Doch gibt es auch nicht auf. Beharrlich widersteht dies Satire-Subjekt dem Sog einer Nichts-und-Nonsense-Hinterwelt, die sich hinter den »gespenstischen Dingen« öffnet, und erledigt im Diesseits seine Fälle. Um jenen Sog aber zu ermessen, sollte man einmal zählen, wie oft Henscheids Hyperbeln vom Transzendenten angezogen werden, vom »außerirdisch Cherubinischen, ja Sternezersägenden«.

Hat Henscheid denn nun gar nichts Gewisses? Doch, eines ist ihm sicher. Mag ihm seine Zeit auch nicht ein dauerhaftes Ideal oder eine tragfähige Wahnidee gönnen, auf den Urquell und zugleich Hauptgegenstand aller Satire seit je kann er sich verlassen: die Torheit. Henscheids Scheltlieder auf den menschlichen Blödsinn klingen auf wie ein begeisterter Hymnus. »Wenn ich tausend Zungen und tausend Münder hätte, eine erzene Stimme, könnte ich doch alle Erscheinungen von Blödheit nicht anführen (...).« Henscheid? Erasmus in seinem »Lob der Torheit«. Er spricht hier von der Existenzgarantie aller Satire die Zeiten hindurch. Mit Henscheid ausgedrückt: »Seltsam, seltsam und einigermaßen bedrückend, wie zeitlos Urformen, Urgesteinsformationen von Dummheit und Ignoranz über die (...) wechselnden Generationen hinweg sich wiederholen und fortsetzen.« Der Bedrückungsseufzer ist rein rhetorisch. Hier preist der Satiriker eine stammesgeschichtliche Mitgift des Menschen als die einzige unverbrüchliche Sicherheit, die ihm in der Erscheinungen Flucht bleibt. Er braucht auch keine festen Wahrheiten und Sittenregeln, um der Dummheit habhaft zu werden und sie anderen vorzuführen. Sie hat Evidenzcharakter – Henscheid würde hier wohl statt von Evidenz von Epiphanie sprechen.

## Henscheids Narrennester

Durch Dummheit *verkehrte Welt* führt Henscheid so gut vor wie alle Satire seit je. Viele der Haupt- und Tochtersünden, die er traktiert, finden sich genauso an Bord des Brantschen »Narrenschiffs«, werden von der Frau Torheit des Erasmus lobend vorgestellt, hocken im »Großen Narrennest« des Abraham a Santa Clara. Von diesen unterscheidet er sich allerdings in einem Punkt: Er ist kein Didaktiker. Er weiß es zwar besser als seine Narren, doch seine Satire führt nicht auf eine Lehre zu. Wie sollte das derzeit auch möglich sein?

Mit dem Gestus der Sündenschelte steht Henscheid aber wieder in der Tradition, bei Sebastian Brant oder Abraham a Santa Clara beispielsweise.

Nur geht er die einzelnen Narreteien im strengeren Ton an als jene, schlägt die verschiedenen Partialdummheiten ihren Inhabern viel schallender um die Ohren. Ich meine, in seiner Scheltrede auch einen Nebenton von Verzückung mitzuhören, gestiftet von der eigentlichen Unglaubwürdigkeit der jeweiligen Blödheit und den sich damit bietenden Gestaltungsmöglichkeiten. Denn er muß die Blödheit, die er schilt, auch kenntlich machen, ja, sie ihrer eigenen Gestalt erst zuführen. Es geschieht, daß Henscheid das, was er schilt, auch selbst geschaffen hat. Er schnitzt sich am Ende – wie das Karl Kraus ausgedrückt hat – den Gegner nach seinem Pfeil zurecht. Gewiß sorgt Luise Rinser für genug Wirklichkeitsstoff, um glaubhaft Henscheids »Lieblingstörin« abzugeben. Doch als *erledigter Fall*, in den »Sudelblättern« oder als Leserbrief-Empfängerin ist sie längst Kunstfigur und führt die reine Sprachexistenz. Luise Rinser schreibt einen einfachen Satz: »Mein Vater, Joseph, liebte mich.« Henscheid läßt sich diesen »bestrickenden Satz (...) auf der Zunge zerbröseln« und überführt ihn in seine eigentliche Existenz: »geballte, niet- und nagelzähe geckengeile Gackergrunzerei«. Hier ist die Zunge der Bärin tätig, die sich das Junge erst zurechtlecken muß, bis es seine ihm zubestimmte Form angenommen hat. Ein nüchternes Kunstwort benennt den Vorgang noch von einer anderen Seite: orale Aggression.

Die psychoanalytische Perspektive – sie wird hier ja auch kaum überraschen – trägt etwas ein, wenn uns interessiert, was wir von Henscheids Satire haben. Die ist in der Tat außerordentlich aggressiv. Sie zeigt die Zunge und beißt auch enorm zu. Aus den Tiefen der »oralen Phase« scheint die ganz erstaunliche Sprachkraft heraufzusteigen, die Henscheids hochjagende Hyperbeln zustande bringt, die immer noch steigen, wenn die Worte auch ihre semantische Ladung wie eine verbrannte Raketenstufe abgeworfen haben und nur noch Lautfiguren bilden. Das will nun sagen, daß diese sprachliche Aggression sich aus einer Quelle speist, die viel früher entstanden ist als die Wahrnehmung menschlicher Dummheit. Eine Reizbarkeit gegen den Blödsinn hat sich dann später hergestellt und gibt der Aggression Ziel und Legitimation. Gewiß, diese Feststellung ist nicht gerade neuartig. Aber sie muß eben auch getroffen werden. Auf die Eigentümlichkeit der sprachlichen Leistung in Henscheids Satire wirft sie ein Licht. Und auf unsere Teilhabe daran: Auch wir zeigen die Zunge und schlagen die Zähne ein und lassen uns mit hineinziehen in den Klangrausch der bösen Worte, die schließlich gar nichts mehr bedeuten. Da hocken sie in Henscheids wohlgehegten Narrennestern, wir kennen sie seit langem, waren bei ihrer satirischen Umschaffung zu Erztoren und Vorzugstörinnen dabei: Kohl und Kunze, Reich-Ranicki und Rinser, Sölle und Strauß und noch viele mehr. Einer streckt den Kopf über den Nestrand, macht eine arteigene Gebärde und schwätzt drauflos, wie er's versteht. Da hat er nun selber schuld. Gewaltig bekommt er's mit der Pritsche, und es ist eine Lust. Da hatte er nun selber schuld. So dumm und dann noch so dreist!

Manfred Dierks

Henscheids musikalische Hyperbeln

Soviel Dummheit reizt zum Äußersten. Dies Äußerste ist für Henscheids Satire das letzte Ziel, tatsächlich das Außerirdische. Nicht immer peilt sie es an. Doch wo sich terrestrisch das Narrenwerk ballt und türmt – »das ganze Gemopse und Gerammle und Gerumple und Gehacke und Gemöre (...) in seiner ganzen Sinnverblendetheit und seinem gänzlichen Telosschwund« –, sich selber hindrängt zu Weltgericht und *Dies irae*, da kommt die Satire diesem Transzendenzverlangen auch nach. Sie spürt ja, wohin er will, dieser »ins affirmativ Unendliche ausholende Begriffsschrott«, und schickt ihn hin. Über die gefährliche Bewußtseinserleichterung, die Gefahr des süßen Selbstverlusts, die von solchem Sog ins Transzendente ausgeht, haben wir oben schon gesprochen. Letztlich bleibt Henscheid Zarathustras Held, widersetzt sich der Hinterwelt und bleibt der Erde treu. Aber oft mit Mühe. Der Sog will ermessen werden. Henscheids Satzraketen, wenn sie beispielsweise »funkenspeiende Wortschrotthaufen« ins Aus und All transportieren, entsorgen dabei zugleich das Satire-Subjekt vom Konkret-Irdischen. Es zergeht dann in Sphären- und Wortmusik. Wenden wir das vom – nur halb – Metaphorischen ins Konkrete.

Ein Vergleich hilft zur Verdeutlichung. Karl Kraus' Satire verläßt nie die Semantik. Sie macht weder einen ›losen‹ – also nicht in das Argumentationsziel eingebundenen – Scherz, noch spielt sie um der reinen Anklangsmusik willen mit Worten. Sie will immer etwas bedeuten. Es gibt eine Wahrheit, und das seiner selbst gewisse Subjekt von Kraus' Satire findet sie. Noch in Zorn und Eifer benennt es sie ganz genau. Anders Henscheid. Nach genauer Musterung des vorliegenden Falles weicht er allmählich vom Konkreten ab, gerät in Fahrt, die Sprache kommt in Fluß. Ein unpolemisches Beispiel, Henscheids schöne Begeisterung über J. H. Vossens Kartoffel-Gedicht: »Nur ein Knöllchen eingesteckt / und mit Erde zugedeckt / Unten treibt dann Gott sein Wesen« nimmt ihren sprachlichen Aufschwung von der konkreten Benennung hin zur fast bedeutungsfreien s-/sch-Alliteration: »die bisher erhabenste (Zeile) des Jahres, vor deren milder Anmut selbst die Zumutung der Ranzigkeit millionenfachen Pommes-frites-Geruchs in Schimpf und Schande theosophisch wie nichts Böses sanft zerschellt«.

Was da am Ende »in *Sch*impf und *Sch*ande theo*s*ophisch wie nichts Bö*s*es *s*anft zer*sch*ellt«, hat nur noch ganz entfernt Bedeutung, kein Leser hält sich hier noch an die Inhalte (was bei »theosophisch« auch nur Ärger einbrächte), die milde Anmut teilt sich mit als Anklangsvergnügen. Genauso in der Polemik. Da wird oft eine mehrstufige Wortrakete zugerüstet, die von Treibsatz zu Treibsatz Semantik abwirft, bis die (fast) bedeutungsfreie Sphärenmusik der Henscheidschen Lieblingsanklänge *sch* und *a* ertönt: Der Filmschauspieler Don Murray hatte festgestellt, daß mit dem kurz hintereinander erfolgten Tod von Marilyn Monroe, John F. und Robert Kennedy »Amerika sein Glück, seine Gnade, seine Unschuld verloren« habe. Henscheids Entgegnung beginnt mit einer soliden Zitatverdrehung, formuliert dann besondere Betroffenheit, um schließlich in den reinen Alliterations-Affekt zu münden: »Es wird mir bis zu meinem vermutlich unseligen Ende ein Mysterium bleiben, woher anscheinend glückliche Menschen die Begnadetheit nehmen, in aller Unschuld und unter Vorspiegelung bzw. Autosuggestion sozial- und ethnopsychologischen Erkenntnistriebs einen solch *sch*mählichen, *sch*auerlichen, ja verruchten Stuß von sich geben zu können, an den sie auch nicht 1 sec. lang selber glauben; es aber nichtsdestoweniger vermögen, uns Zeitungsleser damit 10 sec. lang in atemberaubte Benommenheit zu versetzen, ehe wir ihnen ihre *sch*ändlich *sch*amlosen *Sch*amanismen um die *sch*aumigen Köpfe *sch*lagen möchten; die sie aber bereits eingezogen haben, den nächstbesten haltlosen Stiefel auszubrüten.«

Das Grundmuster dieser Schimpfrede ist kein semantisches, sondern ein lautliches: Siebenmal taucht *sch* auf und formiert sich zu einer (beim lauten Lesen spürbaren) oralen Aggressionsfigur. Lassen wir uns nur einmal herab: Entwicklungsgeschichtlich sind es ja erst einmal die Laute, die das Kind von der Sprache kennenlernt, danach kommen dann die Bedeutungen. Die Aggression per Laut ist gewiß die sprachlich früheste. Die Sehnsucht des erwachsenen Satirikers können wir deshalb gut mitempfinden: »Was ich gern, ja sehr gern täte: Jemand Pfotzen pfollhaun, daß Pfetzen pfliegen.«

Henscheids längere Sätze gehen oft über in solchen Assoziationsfluß, in dem die Anklangsfiguren dominieren – als Assonanz (»kurios, nein grandios«) oder eben alliterierend (»funzelts nicht wie ein fahler Vorbote des Verscheidens«). Sinnzusammenhänge tauchen auf, die erkennbar über den Lautanklang gestiftet wurden und nur darüber Bestand haben: Ein »wunderlich-manierliches« Erlebnis kann da mitgeteilt werden, dem sich selbst »tränend-tremolierende« Augen wohl nicht haben verschließen können.

Ist nun solch hohe Verteilung von Anklangsfiguren nicht Kennzeichen jeder begeisterten Prosa? (Gibt es sie deshalb nicht auch in unserem eigenen Text?) Gewiß. Doch bleibt charakteristisch, daß Henscheids Texte die Tendenz haben, den Bedeutungs- zugunsten des Lauteffekts zurücktreten zu lassen. Besonders seine Hyperbeln gehen irgendwann in Klang auf, werden gewissermaßen musikalisch. Diese Auflösungstendenz ist es, die hier interessiert. Um ihr beizukommen, steht derzeit – von de Man bis Derrida – allerhand »Schwertheorie« (Henscheid?) bereit. Doch entnehmen wir ihr nur ihre Quintessenz seit Lacan: Wo sich die semantische Sprachfunktion der lautlichen unterordnet, geschieht immer auch der Rückzug des Subjekts. Es kennt keine verläßlichen Bedeutungen mehr, auf denen es fußen oder auf die es hinstreben kann. Das Satire-Subjekt des Karl Kraus kannte sie noch, im Zweifelsfall war es selbst die verläßliche Größe. Zwar probierte dies Subjekt »akustische Masken« (Canetti) aus, Idiome und Idiotismen, doch blieb es dahinter semantisch stabil. Was man aber oft von Henscheid im Ohr hat, ist eher eine Art Lautgedicht. Das Subjekt seiner Satire ist notwendig schwach. Und für diese Schwäche findet es den sensibelsten Ausdruck: Es wird laut.

Walter Olma

# Das »Fußballerische des Lebens«
Einige präliminierende Bemerkungen zu einem unerschöpflichen Thema[1]

Auch in Literatur, die gegenwärtigen deutschen Alltag thematisiert, kommt der Fußballsport auffällig selten vor, obwohl die Begeisterung für ihn bekanntlich sehr weit verbreitet ist. Im gesamten Werk Eckhard Henscheids dagegen ist so auffällig häufig von ihm die Rede, daß man den Autor unter den literarisch anspruchsvollen Schriftstellern als den bedeutendsten Fußballkenner und -propagator ansehen muß.[2] Weniger weit verbreitet als allgemein in der Bevölkerung ist sicherlich der Fußballenthusiasmus unter Intellektuellen und Kunstinteressierten aller Couleur; sehr weit verbreitet ist dagegen unter diesen die Scheu, zu einem eventuellen solchen Enthusiasmus öffentlich zu stehen oder gar ihn zu propagieren. Genau das jedoch tut Henscheid in seinem Werk de facto: Der Autor, dem der Fußball in seiner Jugend geradezu Religion war[3], der noch während seiner Studienzeit ganze Jahrgänge kompletter Bundesligaergebnisse auswendig hersagen konnte[4], beweist schon durch seine Persönlichkeitsstruktur, daß große literarhistorische, philosophische und besonders auch musikalische Kennerschaft mit der des aktuellen Bundesligageschehens, sowie der Kennerschaft von Ausübung und Historie dieses Massensportes, gewissermaßen in einem einzigen kritischen Geist leicht nebeneinander Platz finden können. Denn eine wichtige Ebene des gesamten Henscheidschen Erzählens ist ein dichtes Geflecht von sehr vielfältigen literarischen, auch philosophischen und besonders musikalischen Anspielungen, heimlichen Zitaten, Anverwandlungen und Themenvariationen, die sich häufig annähernd erst dem recht guten Kenner der überwiegend anspruchsvollen Kulturmaterie erschließen; Kafka, Dostojewski, Svevo, Opern und Musikwerke, die nicht mehr zum Fundus des allgemein Kulturgebildeten unbedingt zu rechnen sind, stehen beispielsweise immer wieder im Hintergrund. Diese Anspielungen zu erkennen, sie zu entschlüsseln, sich als Miteingeweihter von ihnen zu assoziierendem Mit- und Weiterdenken anregen zu lassen, macht eines der Lesevergnügen aus, die Henscheids Werke dem erheblich vorgebildeten Leser bieten können. Direkt neben diesen verschiedensten Anspielungen auf Phänomene sozusagen aus der Hoch- und Höchstkultur stehen diejenigen auf die Welt des Fußballs. Sie sind gleichfalls ganz überwiegend so gestaltet, daß sie auf umfangreiches Vorwissen bauen, indem sie beispielsweise von kleinen, speziellen Details ausgehen. Sie setzen weitgehende Vertrautheit des Lesers mit jeweils gegenwärtigem Bundesliga- und Nationalmannschaftsgeschehen sowie der jeweiligen Historie voraus, wobei Kenntnisse der europäischen Fußballszenerie ganz hilfreich sind. Dem einschlägig Interessierten, dem Fußballenthusiasten also, rufen die Anspielungen latent Bekanntes wieder ins Bewußtsein zurück und stellen somit auch ein Stück fragmentarischer, literarischer Fußballgeschichtsschreibung dar. Eine annäherungsweise vollständige, alle Ebenen der Werke umfassende Rezeption des Henscheidschen Erzählens setzt also den sensiblen Musik- und Literaturenthusiasten sowie -kenner voraus, der zugleich Fußballfan ist, sozusagen gleichzeitig auch Ästhet in Bezug auf körperliche Bewegungsphänomene.

Solche umfassenden Persönlichkeiten führt Henscheid in seinen Werken vor, wobei autobiographische Bezüge mal mehr, mal weniger eindeutig sind, in dieser kurzen Betrachtung jedoch nicht beachtet werden können. Solche Persönlichkeitsstrukturen existieren zweifellos; Henscheids gekonntes Schreiben beweist ja ihre Existenz, und auch der Verfasser dieser Betrachtungen würde sich hier gerne eingereiht sehen. Doch ebenso zweifellos sind sie nicht realistisch gestaltet in dem Sinne, daß sie ein einigermaßen verbreitetes Phänomen vorführten. Derartig facettenreiche, vieldimensionale, Körper und Geist gleichermaßen achtende ›runde‹ Persönlichkeiten haben eher utopischen Charakter und propagieren als Vorbilder ein gleichzeitiges Interesse an diesen häufig als so unvereinbar betrachteten Welten, wobei natürlich insgesamt der Fußball als wichtige Angelegenheit aufgewertet, sozusagen in den Reigen der beachtenswerten Kulturgüter implizit aufgenommen wird. Dieses spezifische Erzählen Henscheids, das derartige Figuren vorführt, setzt sie eigentlich in seinem intendierten Idealleser schon voraus, grenzt Nichtkenner sowohl der einen als auch der anderen Art aus und hat somit ebenfalls appellativ-utopischen Charakter, denn in gewissem Maße erzieht sich ja jeder Text seinen Leser, vor allem natürlich, wenn seine Autorität und Kompetenz so unangreifbar ist. In seinem programmatischen Nebeneinanderstellen von höchst anspruchsvoller Kulturthematik und Fußballmotivik, wobei noch eine artistische Sprachverwendung charakteristisch ist, steht das Erzählen Henscheids einzigartig in der Literaturlandschaft da.

Dieses programmatische Nebeneinanderstellen hochintellektueller Gegenstände und Themen aus dem Fußballgeschehen und -umfeld reicht einerseits bis in die Makroebene, etwa wenn in dem berühmten Büchlein »Wie Max Horkheimer einmal sogar Adorno hereinlegte«[5] den Fußballfreund und -kenner amüsierende Anekdoten zusammen mit kleinen Texten präsentiert werden, die den Philosophie- und den Schachkenner zum Schmunzeln bringen sollen. Andererseits reicht es bis in die Mikroebene des einzelnen Gedankens oder gar Satzes. In einem Bild zum Beispiel, das einer der Erzähler Henscheids verwendet, tauchen der Philosoph Max Horkheimer, Willy Brandt und der Fußballer ›Katsche‹ Schwarzenbeck gleichermaßen als Autoritäten in einer bestimmten Angelegenheit auf[6], und in einer Aufzählung berühmter Brüder aus verschiedensten Bereichen gleich drei Paare aus dem Fußball[7]. In einem sehr originellen Stimmungsbild fehlt ein »silberblauer Fußballplatz« nicht[8], und die Allmacht Gottes wird angezweifelt, indem ihm ein ›Sich-selbst-Austricksen‹, wie das raffiniert etwa der

Frankfurter Fußballer Hölzenbein auch könne, unterstellt wird.[9] Das 1. Klavierkonzert Beethovens und »Bernd Hölzenbein in Bestform« stehen nebeneinander zur Verdeutlichung eines einzigen Phänomens.[10] Und sogar die »Grenzrubriken zwischen Tod und Leben« werden mit dem knappen Abstieg aus der Bundesliga oder eben dem Klassenerhalt-so-gerade-noch anhand eines konkreten, aktuellen Beispiels verglichen, wobei der mögliche Wiederaufstieg aus der zweiten Liga den Protagonisten an »die alte, bewährte und hochverdiente Idee der Reinkarnation, der Metempsychose, der Wiederkunft u.s.w.« denken läßt.[11] Auch mit romantheoretischen Überlegungen läßt sich der Fußball in Verbindung bringen, nämlich hinsichtlich der »Raumaufteilung«: »beim Fußball ist sie noch wichtiger als im Roman«[12], womit der Henscheidsche Erzähler zweifellos recht hat, ist sie doch im modernen Fußball das A und O, wogegen sie im modernen Roman oft vernachlässigt wird.

Der Ich-Erzähler gleich des ersten Romans (»Die Vollidioten. Ein historischer Roman aus dem Jahr 1972«), der übrigens des Autors Vornamen trägt[13] (auch sonst kommen zahlreiche reale Personen und Orte vor), ist einer jener »kultivierten«[14], literarisch und musikalisch – auch in praktischer Hinsicht – hochgebildeten Intellektuellen, die sich für Fußball begeistern: Schon ziemlich zu Beginn des Buches erweist er sich als so leidenschaftlicher Anhänger von Eintracht Frankfurt, daß er sogar eine in den Vereinsfarben »schwarzrotgestreifte Couch« besitzt.[15] Er besucht Spiele[16], ist selbst intelligenter Mittelfeldregisseur wohl einer ›Hobbytruppe‹[17] und hält sich viel auf seine theoretischen Fußballkenntnisse zugute[18] – quasi nutzloses Wissen, das er auch bei anderen, sofern vorhanden, für »imponierend« hält.[19] Seine Ansicht allerdings, »Geld und Liebe sind die Säulen unseres Lebens. Das dritte aber ist der Fußball, ja er hat möglicherweise sogar die Liebe schon überholt«[20], ist zwar überaus bemerkenswert, jedoch sicherlich nicht ganz ernstzunehmen. Immerhin könnte seine Formulierung »die glänzende Einheit von Geld, Liebe und Fußball« den Roman, in dem sie vorkommt, gut charakterisieren.[21] Bester Fußballer des Romanpersonals ist ein »zurückgezogen lebender Maler«, dessen beim Spiel wehende Haare den Erzähler an »eine wunderbare Symbiose von Malerei und Fußball« denken lassen.[22] Wie wichtig diesem Künstler das »Kicken« ist, zeigt eine kleine Szene, die mit seiner Behauptung endet, »Fußball sei wichtiger als Camus«[23]. Henscheid benutzte übrigens seinen Roman auch, um für die Aufnahme des Frankfurters Bernd Hölzenbein in die Nationalmannschaft zu plädieren[24]: Die Frankfurter Redaktion der »Bild«-Zeitung zitierte kurioserweise sogar aus dem Werk, als sie sich für diese Nominierung einsetzte, die Anfang 1974 tatsächlich erfolgte.[25]

Im zweiten Teil der Romantrilogie (»Geht in Ordnung – sowieso – – genau – – – . Ein Tripelroman über zwei Schwestern, den ANO-Teppichladen und den Heimgang des Alfred Leobold«) tritt die Fußballthematik zurück. Erst gegen Ende des Romans gibt dem Ich-Erzähler in einer Phase »existentiellen Mißmuts« eine Auflistung vier verschiedener spekulativer

Mannschaftszusammenstellungen aus herausragenden Spielern Trost und dem Autor Gelegenheit, diesbezügliche Ansichten den Lesern zur Diskussion zu stellen.[26] Solche Wunschmannschaften sind unter Fußballfreunden in der Tat beliebte Gedankenspiele und Diskussionsthemen. Auf den Selbstmord einer der Hauptfiguren reagiert der Erzähler u.a. mit dem groteskmakabren Unverständnis darüber, daß »er nicht wenigstens noch die Fußballweltmeisterschaft abgewartet hatte«[27].

Im dritten Roman der Trilogie (»Die Mätresse des Bischofs«) gibt es wieder Fußballanspielungen zuhauf. Die Brüder, die der Erzähler beobachten will, sind (natürlich) in ihrer Jugend gute Fußballer gewesen.[28] Der Ich-Erzähler trägt zwar nicht mehr den Namen seines Autors, schreibt erheblich kunst- und anspruchsvoller als der der beiden anderen Romane und ist überhaupt in Hinsicht auf autobiographische Bezüge wohl in größere Distanz zu Henscheid gerückt, jedoch Eintracht-Fan ist auch er.[29] Der Berufsmusiker besucht und beschreibt Fußballspiele[30], verfolgt intensiv die Weltmeisterschaft in Argentinien[31], verwendet sprachliche Bilder aus diesem Bereich[32] und läßt seinen Roman u.a. mit der Aufzählung von Fußballernamen enden.[33]

Einige utopische Dimensionen hinsichtlich dieser Sportart hat sicherlich die Tatsache, daß die Kafka-Figur Karl Roßmann, die Henscheid in einer Geschichte noch nach dem Ende des »Amerika«-Romanfragments weiterverfolgt, gleich nach ihrer Ankunft in Nordamerika, dem Land, das bekanntlich für Fußball sehr wenig übrig hat, Fußball spielende Knaben beobachtet und später im dortigen Fernsehen sogar »Gerd Mueller« (so die Schrifteinblendung) zu sehen bekommt.[34] Dagegen liegt das Thema bei dem kleinen satirischen Roman über unmäßigen Fernsehkonsum (»Beim Fressen beim Fernsehen fällt der Vater dem Kartoffel aus dem Maul«) sehr nahe, denn selbstverständlich steht für den fernsehsüchtigen Vater, der hier vorgeführt wird, Fußball an erster Stelle seines Sehinteresses.[35] Kritik richtet sich allerdings nicht gegen den Fußball überhaupt, sondern dagegen, ihn nicht mehr in natura erleben zu wollen.[36]

In dem umfangreichen Werk »Dolce Madonna Bionda« von 1983 hat Henscheid in der Zentralfigur den Namen des Frankfurter Spielers Bernd Nickel gewissermaßen in Literatur verewigt. Der hochgebildete, bei Funk und Presse überaus gefragte und hochangesehene Feuilletonist (»Musik und Literatur und Wissenschaft«)[37] heißt Dr. Bernd Hammer; aufgrund seines harten Schusses, seines ›Hammers‹, wurde Nickel ›Dr. Hammer‹ genannt. Hammer, selbst ein geschickter Fußballer, der »elegante Hackentricks und Tändeleien« zeigen kann[38], der dazu noch im »Kickern«, im Tischfußball also, »nahezu Profi« ist[39], spielt einmal im Traum sogar mit Nickel zusammen und schießt dabei »drei herrliche Tore«, deren letztes diesen zu schulterklopfender Gratulation bewegt.[40] Hammer kennt sich natürlich auch theoretisch im deutschen und internationalen Fußballgeschehen aus.[41] Seine Leidenschaft für diesen Sport ist so groß, daß er während seines Italienaufenthaltes sogar ein wohl kaum sehr attraktives »Firmenfußballturnier« besucht.[42] Einmal stellt er sich spielerisch seinen Tod vor: »Ja! Jaaajaaah! Auf einem Bettchen mit rotschwarz gestreifter Decke wollte er liegen (...).«[43] Hammer reproduziert hier in Gedanken die in Fan-Kreisen durchaus häufig ernstgemeinten Vorstellungen von der Vereinstreue bis in den Tod. Das pathetisch-kitschige Bild vom Verstorbenen, der seinem letzten Willen gemäß in seine Vereinsfarben gehüllt ist, wird tatsächlich gern in Vereinshymnen beschworen.[44]

In der von der Kritik vielgelobten »Idylle« »Maria Schnee« von 1988 hat der Autor weiterhin Fußballanspielungen untergebracht: Immer wieder befallen den Protagonisten während seines zweitägigen Aufenthaltes in einem süddeutschen Dorf unvermittelt ernsthafte Sorgen über die aktuelle Situation des 1. FC Nürnberg kurz vor dem Start in die neue Bundesligasaison. Sorgen, die ihn einerseits als Kenner des ›Clubs‹ ausweisen, die andererseits dem nur oberflächlich am Bundesligageschehen Interessierten wenig sagen.[45] Diese Sorgen, die der Protagonist freilich sehr ernst nimmt, sind eigentlich das einzig Störende des idyllischen Aufenthalts und zeigen in ihrer hartnäckigen Wiederkehr um so auffälliger, wie wichtig dieser Lebensbereich im Wahrnehmungsspektrum des sensiblen Beobachters Hermann ist.

Eine weitere, umfangreiche und wichtige Domäne des Schriftstellers Eckhard Henscheid sind kürzere Satiren und kritische bis polemische Glossen in Zeitschriften zu verschiedensten aktuellen Ereignissen, wobei sehr häufig die Kritik auf falschen und sorglosen, gelegentlich unfreiwillig komischen öffentlichen Sprachgebrauch zielt. Klar, daß da oft der Fußball als öffentliches Medienereignis sich in den Blickpunkt kritischen Betrachtens und Amüsements drängt, den sensiblen und gebildeten Enthusiasten allerdings, den ja Henscheids Werk mehr oder weniger durchgehend implizit beschwört, häufig sehr ärgert. Berichterstattung in ›Journalistenpoesie‹ von sprachinkompetenten Journalisten, die sich überhaupt in dieser Sparte konzentriert zu haben scheinen, Interviews mit Spielern, die sich hüten, Substantiell-Kritisches zu sagen, Trainer, die Gemeinplätze von sich geben usw. laden gerade auf diesem Gebiet des Journalismus zu Spott und Satire ein. Der Autor kritisiert und verulkt also nicht den Fußballsport selbst, sondern sein Umfeld, die Art und Weise der öffentlichen Präsentation, einzelne konkrete Mißstände und Fehlentwicklungen, negative Figuren etc., wobei natürlich mehr unter das kritisch-satirische Verdikt fällt als etwa in eventuell ebenfalls kritisierender Tagespresse. Denn Fußballjournalismus für den sprachlich sensiblen Leser und Enthusiasten ist praktisch ein Desiderat. Wie es u.a. zu füllen wäre, zeigt der Autor mit seinen Artikeln, die freilich nicht einen Teil tagtägliche, aktuelle Berichterstattung darstellen, sondern auch aufgrund ihrer Themen über den Tag hinaus interessant bleiben, allerdings auch wiederum lediglich für den Eingeweihten: Ausholende Einführungen in das jeweilige Thema, die auch den weniger mit der Materie Vertrauten in den entsprechenden Artikel hineinziehen, werden nicht mitgeliefert.[46] Auch die »Fußball-Dramen« »Standardsituationen«[47], kurze, kabarettartige kritisch bis boshaft-entlarvende Szenen, können nur den guten Kenner so recht zum

Lachen bringen, beziehen sie sich doch auf mehr oder weniger bekannte Ereignisse oder typische Vorgänge aus dem Hintergrund und Umfeld des Bundesligaspielbetriebes, die freilich plausibel und naheliegend fiktiv ausgemalt, verfremdet oder übersteigert dargeboten werden. Da das ganze Buch diesem einen Thema gewidmet ist, hat Henscheid zum ersten Mal in seiner Laufbahn, obwohl das Thema – wie gezeigt – durchgehend eine Rolle spielt, ein literarisches Fußballbuch vorgelegt, auch wenn die einzelnen Szenen mehr oder weniger locker zusammenhängen. Vielleicht zeigt er ja irgendwann noch mal, daß ein literarisch anspruchsvoller Fußballroman möglich ist.[48]

---

1 Das Zitat der Überschrift entstammt Henscheids Roman »Die Mätresse des Bischofs«, Frankfurt/M. 1978, S. 228. – 2 Bezeichnenderweise ist er in der von Karl Riha hg. Anthologie »fußball literarisch oder Der Ball spielt mit den Menschen«, Frankfurt/M. 1982, mit zwei Texten vertreten: »Das ideale deutsche Mittelfeld« (zus. mit Ror Wolf) und »Hymne auf Bum Kun Cha«. – 3 E.H.: »Sudelblätter«, Zürich 1987, S. 338. – 4 Vgl. E.H.: »Die Vollidioten«, Frankfurt/M. 1978, S. 192 und dazu: Herbert Lichti / E.H.: »Erläuterungen und kleiner Kommentar zu Eckhard Henscheids Roman-Trilogie (...)«, Frankfurt/M. 1986, S. 36. – 5 »(...) Anekdoten über Fußball, Kritische Theorie, Hegel und Schach«, Zürich 1983. – 6 »Geht in Ordnung – sowieso – – genau – – –. Ein Tripelroman über zwei Schwestern, den ANO-Teppichladen und den Heimgang des Alfred Leobold«, Frankfurt/M. ²1978, S. 329. – 7 »Die Mätresse des Bischofs«, a.a.O., S. 116 und 119. – 8 Ebd., S. 133. – 9 Ebd., S. 427. – 10 Ebd., S. 536. – 11 »Dolce Madonna Bionda«, Zürich 1983, S. 6. – 12 »Die Mätresse des Bischofs«, a.a.O., S. 290. – 13 »Die Vollidioten«, a.a.O., S. 47. – 14 Ebd. – 15 Ebd. S. 15. – 16 Ebd., S. 35, 37. – 17 Ebd., S. 191 f. – 18 Ebd., S. 37, 192. – 19 Ebd., S. 37. – 20 Ebd., S. 191. – 21 Ebd. – 22 Ebd., S. 193. – 23 Ebd., S. 210 f. – 24 Ebd., S. 192–194. – 25 Vgl. »Erläuterungen (...)«, a.a.O., S. 36 f. Vgl. dazu auch den Text in Riha (Hg.), a.a.O., S. 208 ff. – 26 »Geht in Ordnung – (...)«, a.a.O., S. 374–76. – 27 Ebd., S. 381. Eine weitere, sprachkritische Fußballerwähnung auf S. 147. – 28 »Die Mätresse des Bischofs«, S. 16 f., 21 u.ö. – 29 Vgl. ebd., S. 105, 131, 174, 228. – 30 Ebd., S. 224 f., 288–92, 451. – 31 Ebd., S. 492. – 32 Ebd., S. 261, 264 f. – 33 Ebd., S. 571. Weitere Fußballerwähnungen z.B. auf S. 7, 80, 202, 281, 453 f. – 34 »Roßmann, Roßmann... Drei Kafka-Geschichten«, Zürich 1982, S. 28 und 64. Weitere Fußballanspielungen in diesem Band z.B. auf S. 134 f., 142. – 35 »Beim Fressen (...)«, Frankfurt/M. 1984, S. 69, 81 und immer wieder. – 36 Ebd., S. 55, 83. – 37 »Dolce Madonna Bionda«, a.a.O., S. 27. – 38 Ebd., S. 358, sowie 46 f. – 39 Ebd., S. 315. – 40 Ebd., S. 354 f. – 41 Ebd., S. 6, 128, 386, 407. – 42 Ebd., S. 403. – 43 Ebd., S. 211. Weitere Fußballerwähnungen z.B. auf S. 192, 207, 263, 327, 465, 479. – 44 Mein eigener, heimatlicher Fußballverein hat auch eine solche Strophe in seinem Lied. – 45 »Maria Schnee. Eine Idylle«, Zürich 1988, S. 19, 28, 61, 66 f., 139, 190. Weitere Erwähnungen des Themas auf S. 28, 37 f., 117, 149. – 46 Vgl. z.B. »Sudelblätter«, a.a.O., S. 38, 44, 50, 133, 191, 218, 313, 366, 413. »Frau Killermann greift ein. Erzählungen und Bagatellen«, Zürich 1985, S. 38 ff., 194 f., 216 ff., 254 ff., 336. »Was ist eigentlich der Herr Engholm für einer? Ausgewählte Satiren und Glossen. Erste Folge 1969–1989«, Zürich 1989, S. 19, 53, 57 ff., 63 ff., 68, 129, 179 ff. – 47 »Standardsituationen. Fußball-Dramen«, Zürich 1988. – 48 Der Roman »Abseitsfalle« von Walter Kauer, Zürich 1977, ist ein wenig grob gestrickt.

Bernd Eilert

# Wahrheit und Dichtung
Eine Korrektur gewisser Mißverständnisse

Verehrer, Jünger, Fans zeigen stets die fatale Tendenz, das Objekt ihrer Verehrung den eigenen Bedürfnissen anzupassen. Handelt es sich gar um ein lebendes Subjekt, läuft der Verehrte Gefahr, seinerseits auf das Niveau seiner Gemeinde einzugehen. Wer auf deren Beifall angewiesen zu sein glaubt, ist fast verloren.

So gut wie jeder Politiker liefert im Lauf seiner Karriere Beispiele dieser mählichen Selbsterniedrigung, vorausgesetzt, er konnte überhaupt tiefer sinken.

Hätte er nicht jedes seiner Gleichnisse so lang und breit erläutern müssen, bis dessen Sinn auch dem letzten seiner Jünger restlos klar war, was hätte aus Jesus von Nazareth für ein Enigmatiker werden können? Einer wie Johann Wolfgang von Goethe womöglich, der das Sozialgesetz im zweiten Teil des »Faust« gültig formuliert hat: »Am Ende hängen wir doch ab / von Kreaturen, die wir machten.« Daß der alte Goethe dies Zitat ausgerechnet seinem glühendsten Verehrer Eckermann vorhält, zeigt, wie es gemeint ist.

Eckhard Henscheid ist einer der wenigen lebenden deutschen Autoren, deren Auftreten gemeindebildend gewirkt hat. Kaum war sein erster Roman »Die Vollidioten« erschienen, meldeten sich bereits Verehrer, deren Interesse über das Werk hinaus vor allem der Person des Autors galt, die sie mit der Figur des Erzählers, der durch diesen »historischen Roman aus dem Jahr 1972« führt, bedenkenlos gleichsetzten. Chronisch mißverstanden diese Leser den ironischen Untertitel und reisten mit der Erwartung in Frankfurt an, dort jene Zustände vorzufinden, wie Henscheid sie für diesen Roman erdacht und verdichtet hat; und die Zuständigen obendrein, denn vom Vorhandensein der Romanfiguren in realiter glaubten diese Schlachtenbummler ausgehen zu dürfen.

Natürlich gab es Vorbilder – Abbilder liefert der Roman jedoch nicht. Wie sollte er auch? Daß dieser Eindruck einer deckungsgleichen Wirklichkeitserfassung entstehen konnte, ist selbstverständlich allein der Kunst des Autors zu verdanken, der die gravitätische Form der Chronik wählt, um eine Fallhöhe zu schaffen für die Banalität des »laufenden Schwachsinns«, der im Obertitel von Henscheids Trilogie versprochen wird und erst durch diese Brechung komischen Effekt macht.

Auch hierfür gibt es ein literarisches Vorbild, auf dessen Schöpfer der Titel des ersten Teils ja verweist: Dostojewski, der das nämliche Spiel mit der Wirklichkeit vornehmlich in seinen »Dämonen« bis zum Exzeß ausgereizt hat.

Nun wäre gegen diese Verwechslung von Wahrheit und Dichtung nicht viel zu sagen, hätten daraus nicht weitere Mißverständnisse entstehen müssen: bei Henscheid-Fans, die sich im Laufe der siebziger Jahre zu regelrechten Clubs zusammenfanden, der Wahn, selbst in der Lage zu sein, ähnlich effektvolle Literatur zu produzieren, wenn sie nur zu Papier brachten, was sie umtrieb und in ihrem Umkreis getrieben wurde – daß diese laienhaften Versuche mehr oder minder kläglich scheitern mußten, versteht sich. Viel Schaden dürften sie nicht angerichtet haben.

Bedenklicher ist ein anderer Irrglaube, der aus vielen frühen Kritiken zu Henscheids Werk sprach und aus einigen späteren bis heute spricht: Die Fachleute, die ihm anhingen, sahen in Henscheids Romanen und Erzählungen eher außerliterarische Phänomene, und selbst wenn sie ihnen gefielen, hielten sie ihr Vergnügen für unerklärlich, und ihre Begeisterung war eine unkritische. Gutgemeinte Formulierungen wie »ein irres Vergnügen«, »von grandioser (...) Bescheuertheit«, »ein wundersames Buch«, »eine irre Romantrilogie« usw. zeugen von dieser großen Hilflosigkeit der Rezensenten, die den eigenen »Hirnschwurbel« – um ein Henscheidwort zu übernehmen, das die Lächerlichkeit des Vorgangs betont – einem Werk zuschrieben, das durch und durch kalkuliert ist, auch wenn es einen Kollegen in der FAZ zu dem verräterischen Geständnis brachte: »Ich habe Tränen gelacht und würde am liebsten mein Kritiker-Besteck fallen lassen.«

Angesichts solcher professionellen Armutszeugnisse kann ich es dem Autor nicht hoch genug anrechnen, daß er die Erwartungen solcher Leser seitdem immer wieder enttäuscht hat und anders als etwa Charles Bukowski – dessen deutsches Pendant er schlimmstenfalls hätte werden sollen – weder zum Nacherzähler des eigenen Erlebens noch zum Nacherleber des selbst Erzählten geworden ist.

Denn die Henscheid-Gemeinde war hartnäckig genug und ist es noch.

Eigentlich gab es eine Urzelle bereits vor dem Erscheinen des ersten Buches, dessen Zustandekommen sich unter anderem einem einmaligen Subskriptionsmodell verdankt: Diejenigen, die es zu lesen wünschten, finanzierten durch Vorauszahlungen an den Autor teilweise die Niederschrift. Die meisten von ihnen kamen dafür im daraufhin verfaßten Text vor, einige sogar unter ihren richtigen Namen.

Ich zum Beispiel erscheine bereits auf Seite 14 der Erstausgabe in Begleitung des Ich-Erzählers, der einleitend berichtet: »(...) ich saß da mit einem Herrn Eilert im Kaffeehaus, wir hatten allerlei strategisch technische Dinge zu besprechen, sowie zugunsten der Firma Maggi kleine Gedichte über Kartoffel-Chips zu erledigen. Als das geschehen war tranken wir etwas Weinbrand (...).«

Tatsächlich habe ich mit Eckhard Henscheid Anfang der siebziger Jahre im Auftrag einer Webeagentur einige Zweizeiler für revolutionäres Knabbergebäck verfaßt, die freilich nie veröffentlicht wurden, obwohl darunter so feurige waren wie etwa: »Gönn Dir was Lieb's: Paprika-Chieps!«

Auf Seite 173 des Romans wird »Herr Eilert« im Vorfeld eines Kartenspiels näher charakterisiert: »(...) ist Herr Eilert, unser vierter Kartenspieler, trotz seiner ebenfalls erstaunlichen Jugend, schon ein gesetzter, guter und sogar fast vornehmer Herr, der sich uns Alten in Stil und Denkweise schon recht ordentlich angepaßt hat und keine dummen Fragen stellt. Ich nenne das Takt und Herzenswärme.« Ich war damals übrigens 23, der Autor eben 30 geworden, und ich könnte mit dieser taktvollen, geradezu herzwärmenden Erwähnung wohl zufrieden sein – wenn sich da nicht die Frage stellte: Stimmt denn das überhaupt?

Ich weiß natürlich die Antwort, werde sie jedoch nicht geben, bevor hier nicht auch dem letzten Henscheid-Leser endgültig klar ist, wie dumm die Frage ist und wie überflüssig die Antwort.

Es trifft sich, daß ich in der Erzählung »Der Feind«, die der Autor auf die Jahre 1974/79 datiert, erneut dabei sein darf: Wiederum als eine Art Assistent, der einem Ich-Erzähler, der unter der Unpünktlichkeit seines Feindes namens »Rosenhag« zu leiden hat, die Wartezeit durch hilfreich gemeinte Handreichungen erträglicher zu machen trachtet und dem inneren Monolog des hoffnungslos Schmachtenden sozusagen den äußeren Takt vorgibt.

In diesem Zusammenhang werde ich als »Eilemann, der getreue Sekretär« vorgestellt, der »sich anschickt Kamillentee zu bereiten«. Zwei Seiten weiter bin ich »der redliche Eilemann«, der »mir ein grasgrünes Kissen zwischen Stuhllehne und Kopf gelegt« hat, wohl im Glauben, »über die grüne Farbe« dem Leidenden »Hoffnung einträufeln« zu können.

Über derartige Mutmaßungen entwirft der Ich-Erzähler das Bild eines mitleidenden Verbündeten: »Eilemann lauscht trüb verhangen zum Fenster hinaus, ganz als schäme er sich für mich, als könne er es nicht länger mehr ertragen.« Ein Helfershelfer freilich, der bei allem rührenden Wohlwollen gegen den Feind letztlich nichts auszurichten vermag: »Wie gut ist Eilemann, der getreue! Wie wendig und ritterlich er immer wieder das Feuerchen entfacht! Die Tränen rinnen mir übers Gesicht. Nicht wird Eilemann mich retten können (...).«

Nicht einmal lindern kann der arme Ritter mehr den Schmerz, nicht hindern das Wachsen der Verzweiflung.

»Eilemann stößt ein Brikett nach (...).«

»Eilemann legt Nüßchen vor mich hin, mich zu erheitern (...).«

»Eilemann, in allerhöchster Not, nun gleichfalls den Tränen nahe, will mich mit einem Kartenspielchen ablenken (...).«

Alles vergebens, und auch der letzte Versuch, die endlose Wartezeit totzuschlagen, mißlingt: »Sonnenlicht verblaßt im fernen Westen. Ich greife zur geliebten Geige. Mit Eilemann am Flügel wähle ich Beethovens letzte Violinsonate in G-Dur, op. 96 von 1812. Mikrokosmos schwerelosen Schwanensangs scheinbar fern dem Reich des Feindes – und doch seiner eingedenk. Schon beim Trillerdialog Takt 1–3 haucht mir Nebel in die Augen. Zitternd dolce schwingt die Geige himmelan, säuselt das Piano Trost im Spannungslosen. Bei den Trillerexzessionen der Reprise, Lerchenschluchzen ohnegleichen, sinkt mir sterbensweh der Bogen von den Saiten, tapfer klimpert Eilemann allein zuende, espressivo nimmersatt. Schweigend starren wir ins Fensterkreuz. Und die Uhr bleibt beinah' stehen.«

Und im Raum bleibt auch die Frage stehen: Fügt sich nun dieser hypersensible »Eilemann« ins Bild des präsenilen »Herrn Eilert« und umgekehrt? Zieht man die tonfallbedingten Dissonanzen ab und in Betracht, daß gut sieben Jahre zwischen den »Vollidioten« und der Letztfassung des »Feindes« vergangen sind, würde ich meinen: Ja, durchaus. Warum nicht? Sogar das Motiv des Kartenspielens taucht im Angebot wieder auf.

Bildet Henscheid demnach bei aller, mal eher Svevo, dann Kafka, schließlich Eichendorff oder Eckermann verpflichteten parodistischen Verfremdung die Realität zumindest maßstab- wenn nicht naturgetreu ab?

Wer es immer noch wissen will, muß sich auch meinen dritten Auftritt genauer ansehen.

Die Erzählung »Im Puff von Paris« verrät ihren Inhalt bereits im Untertitel: »Wie der Haffmans-Verlag einmal einen tollen Betriebsausflug machte«. Nichts anderes wird erzählt, und zwar original in diesem naiven »Mein schönstes Ferienerlebnis«-Ton, der bisweilen zum aufgeregten »Ich war dabei«-Pathos anschwillt, das Provinzjournalisten überkommt, sobald sie glauben, in die große Welt hinausgekommen zu sein.

An diesem Betriebsausflug darf neben Verlagsangestellten und Stammautoren, wie Henscheid selbst, auch »unser Nachwuchsautor Bernd Eilert« teilnehmen. Seine äußere Erscheinung wird mit der Sorgfalt beschrieben, die ihr geziemt: »Er glänzte in einem nagelneuen, feinen und dunkelgrauen Tuchanzug mit dem Hauch eines angedeuteten blauen Nadelstreifens; darunter befand sich auch noch eine exakt nach seiner schmalen Figur geschnittene Weste – wie man jetzt erst sah, nachdem Eilert den knielangen auf Taille gearbeiteten und das Blau des Nadelstreifens wieder aufnehmenden Übergangsmantel sehr langsam und Aufmerksamkeit erzwingend abgelegt hatte. Das weiße Hemd mit dem überaus weichen Krägelchen war durch eine hübsch geblümte Krawatte in Rosa-Lindgrün-Tönen eng geschlossen. Tiefdunkelrote Stiefeletten und weiße Mohair-Fingerhandschuhe ergänzten den fast edlen Gesamteindruck, – und als Eilert dann noch wie zufällig eine Großpackung Intimtüchlein ›La Notte‹ aus seinem Diplomatenköfferchen klaubte, war des bewundernden ›Hallohs‹ kein Ende.«

Wenig später verrät der Erzähler noch intimere Kenntnisse: »(...) während Eilert wie zufällig aus seinem Koffer ein neues Dreierpack Unterhosen in Himmelblau, Dunkelblau und Softvanille klaubte (...)«, nachdem »im entstandenen Gedränge« schon »ein Stück von Eilerts feiner sandfarbener Unterhose mit dem Can-Can-Tänzerinnen-Muster sichtbar« geworden war.

An dieser Stelle möchte ich eine Erklärung abgeben: Das geht zu weit. Kleidungsstücke und Utensilien wie die hier angegebenen haben sich weder 1983, als diese Geschichte entstand, noch jemals zuvor oder hernach in meinem dauernden oder zeitweiligen Besitz befunden. Im Gegenteil: Ich verabscheue sowohl die vulgäre Pseudoeleganz von Nadelstreifen, zumal wenn sie als Dreiteiler, mit Weste! daherkommen, als auch den freilich dazu passenden Umgang mit sogenannten »Diplomatenköfferchen«. Ich halte ferner die Farbe Blau, ob sie nun als Überzieher oder in Unterhosen vorkommt, für ebenso unkleidsam wie ein Tiefdunkelrot zumindest in Stiefeletten-Form. Ebenfalls lehne ich die Kombination »Rosa-Lindgrün« auf Krawatten, geblümten! entschieden ab. »Weiße Mohair-Fingerhandschuhe« erachte ich schlechtweg als untragbar, die Benutzung von »Intimtüchlein«, gleich welcher Marke, in aller Öffentlichkeit für unerträglich.

Das müßte wohl reichen; doch ein ganz Gewitzter könnte nun einwenden, diese unhaltbaren Details dienten allesamt nur der Enthüllung unerhörter Eitelkeit und dem beabsichtigten Gesamteindruck eines effeminierten Snobs. Zumal ein während derselben Busfahrt beobachteter Vorgang durchaus wahrscheinlich anmutet: »Sichtlich gut aufgelegt gingen nun die alten Freunde Eilert und Gernhardt dazu über, kleine Zweizeiler anzüglichen Charakters zu fabrizieren, also Eilert begann zum Beispiel ›Paris liegt an der Seine‹, Gernhardt vollendete formvollendet ›Im Puff hat's nicht nur Weine‹.«

Ich gebe zu, daß ähnliche Reimereien gerade in dieser Besetzung durchaus vorkommen können, allerdings entspricht die Qualität des zitierten Zweizeilers nicht dem Standard, der meine langjährige Zusammenarbeit mit dem hier angeblich zitierten Robert Gernhardt so erfolgreich hat werden lassen. Der Auftakt »Paris liegt an der Seine« wäre, von mir korrekt prononciert, von ihm zweifellos ebenso französisch respondiert worden, etwa mit einem »Am Wein liegt die Migräne«.

Aber das sind Kleinigkeiten, viel aufschlußreicher wäre die Überlegung, ob der Möchtegern-Dandy »Bernd Eilert« dieser Puff-Partie auf irgendeine Weise mit dem seriösen »Herrn Eilert« der »Vollidioten« oder gar dem getreuen »Eilemann« zur Deckung zu bringen ist. Wer es schafft, daraus noch einen Dreierpack zu schnüren, dem sei zur Strafe ein letzter, unumstößlicher Beweis vorgehalten für das, was man am schmeichelhaftesten als Henscheids projektive Phantasie umschreiben könnte. Die sogenannte »Charakterstudie«: »Eilert«.

Nachdem der Autor seine Bildungsreserven erschöpft und zwecks Verbrämung seiner intriganten Intransigenz zwei ältere Ejlert/Eylert-Belege aus Arno Schmidts »Massenbach« und Henrik Ibsens »Hedda Gabler« zitiert hat, kommt Henscheid zu mir und damit auch zur Sache: »Denn, weit jenseits von Ibsen und Schmidt, jenseits fast jeder herkömmlichen Kategorie von Verkommenheit: den ungutesten, dabei gleichzeitig indolentesten, insuffizientesten, intransigentesten, perniziös-fatalitärsten Eindruck unter den bekannten Eilerts macht der dritte, der wahre Eilert, Bernd, Frankfurt, Sömmeringstraße 6, 3. Stock. Ein vergleichsweise junger, irgendwie aber von Jugend auf (Hüon!) zeit-, ja altersloser Mann, verdächtig hochgewachsen, zur Hagerkeit neigend, ja ihr sogar hold, mitnichten durchlauchtigen, sondern vielmehr lausig laugigen, ja leimsiederischen Gebarens; offenbar nicht unversiert in der Verwendung mancherlei kosmetischer Mittel, gern in Billardstuben und Bankhäusern aufhältig, reichlich haltlos im Lebensduktus, dabei hinterhältig wie nur einer im Lebensdetail: Nicht selten die erlesensten Calamari und Spaghetti Carbonara bestellend allein zu dem Ende, sie nach etlichen Kostschnipseln wieder an Kellner und Küche zurückgehen zu lassen usw. – in augenscheinlichster Bosheit, Häme und Ranküne usf., kurz: irgendwie irgendwo die Manifestation von Gemeinheit, die Emanation eines Phantasmas von Zuwidernis – noch kürzer: ein Odradek unserer Zeit: ›Ohne recht lebendig zu sein, nicht zu sterben vermögen‹ (Malcolm Pasley, ›Drei literarische Mystifikationen Kafkas‹, in ›Kafka-Symposion‹, Wagenbach-Verlag, 1965).«

An dieser Tirade stimmte im angegebenen Entstehungsjahr 1984 allenfalls noch die Adresse, aber auch die ist inzwischen nicht mehr richtig. Die Perfidie ist perfekt: Aus dem dezenten »Herrn Eilert«, dem devoten »Eilemann«, dem degoutanten »Bernd Eilert« ist endlich »Eilert, Bernd« geworden: »ein Odradek unserer Zeit«.

Mit der Wahrheit hat dergleichen Naturgemeinheit natürlich nichts mehr gemein: Das ist reine Dichtung. Und wenn dem so ist, was sollte den lernfähigen Leser veranlassen, diesem Autor frühere Versionen meiner Person abzunehmen, nur weil die sich vergleichsweise harmlos anhörten? Das macht sie nicht wahrscheinlicher. Nein, im Guten wie im Bösen idealisiert und dämonisiert Henscheid die Wirklichkeit, wie er sie braucht und mißbraucht. Das darf nun als bewiesen gelten.

Und nur, wer immer noch bezweifelt, daß er es hier mit Literatur, in ihrer pursten Performanz zu tun hat, muß sich die »Eilert«-Phantasmagorie bis zum bitteren Ende anhören; Henscheid gibt selbstverliebt an: »Kein Geringerer als Eckhard Henscheid hat deshalb vollständig recht (und keiner wäre auch befugter, dem Mann den definitiven charakterlich-intellektuellen Garaus zu machen), wenn er diesen Eilert schon 1981 in seinem Roman ›Beim Fressen beim Fernsehen fällt der Vater dem Kartoffel aus dem Maul‹ als einen Menschen vorstellt und in der nächsten Sekunde blitzartig entlarvt, der (und nun passen Sie ein letztes, allerletztes Mal auf!) ›Frauen sogar auf offener Straße anspricht. Und mit offener Hose‹ (loc. cit., S. 82).

Scham möcht' ei'm das Herz abknicken. Pfui.«

Dem letzten habe ich kein Wort mehr hinzuzufügen.

Jürgen Wehnert

# Hat Henscheid Humor?
Auf den Spuren einer Nullmenge

## 1 Anpfiff

Das Gerücht geht um, daß »der neben Robert Gernhardt bedeutendste deutschsprachige Schriftsteller der Gegenwart (Merkur)«[1], Eckhard Henscheid also, die goldene Gabe des Humors besitze. Bücherverzeichnisse melden seine Hauptwerke bedenkenlos unter der Rubrik »Heiteres, Satire, Cartoons«[2], über die »Trilogie des laufenden Schwachsinns« will einer der Kritiker sogar »Tränen gelacht« haben[3], und »selbst ein so henscheidkritisches Organ wie ›Der Rabe‹ muß neidlos konzedieren: ›(...) Man kann sagen, daß von diesem Autor (...) eine neue Form literarischer Hochkomik in die Welt geht.‹«[4] Da »Der Rabe« sehr belesen ist und seinen Käfig kaum zufällig in jenem Verlag hat, der das Volk jährlich mit dem neuesten Henscheid füttert, gewinnt dieser Verdacht natürlich an Gewicht. Gewißheit kann allerdings nur das Werk des Autors selber schaffen, und hier ist unübersehbar, daß Henscheid in seiner »Bagatellen«-Sammlung »Frau Killermann greift ein« auf immerhin drei Seiten »Eine kleine Humortheorie«[5] entfaltet, die ihn als Experten ausweist, vermag er doch einem gänzlich humorlosen Text, einer Namensliste, gleich achtzehn verschiedene Pointen, je einen weiteren Namen, anzuheften und sogar zu begründen, was das Komische daran sei. Diese theoretische Vorarbeit weckt für das übrige Werk die heftigsten Erwartungen, weil ihr Leser merkt: Henscheid kennt sich aus im Humor, und denkt: Vermutlich besitzt er also selber welchen und gibt da und dort Proben davon – Proben jener literarischen Hochkomik, die sein eigener Verlag bei ihm entdeckt hat und die sich anschickt, die lesende Welt zu erheitern.

## 2 Foul

Nimmt man den kuriosesten Werktitel zum Maßstab, so liegt in Eckhard Henscheids »Beim Fressen beim Fernsehen fällt der Vater dem Kartoffel aus dem Maul«[6] fraglos sein humoristisches Chef d'oeuvre vor. Blitzt nicht schon in diesen wenigen Worten Hochkomik auf, im raffinierten Spiel mit den Artikeln? »der Vater dem Kartoffel«: Dergleichen hat die Welt noch nicht gehört, so daß dieser Text unbedingt eine genauere Betrachtung verdient.

Seine Story ist nur allzu schnell erzählt: die Geschichte des vom Fernsehteufel besessenen Familienvaters, der, von der Arbeit heimgekehrt, die rührige Gattin und die ihr zukommenden ehelichen Pflichten, die lieben Kleinen sowie das sorgsam bereitete Nachtmahl verächtlich ignoriert, um sich Rummenigge, Derrick und Konsorten ganz und völlig hinzugeben, die chronisch aufgepeitschten Nerven durch gewaltige Alkohol- und Nikotinmengen dämpfend, bis ihn endlich der Nachtschlaf übermannt.

Derb geht es dabei zu – die Mutter spricht: »›Vater, schau dir nur das gute Programm an!‹ Der Vater denkt: ›Du blöde Sau, halt doch die Fresse!‹« (S. 28) –, doch niemand klopft sich auf die Schenkel: Die Fabel ist so monströs, daß sie die schlimme Realität, die sie aufzuspießen vorgibt, schon ab S. 7 nicht mehr trifft[7]. Wohl niemand vermag sich in diesem Zerrspiegel wiederzuerkennen: Der forcierte Wirklichkeitsverzicht erstickt den entlarvenden Witz im Keim. Gleichermaßen unerträglich ist die von Henscheid als Kontrastbild eingeführte Familienidylle im Stile christlicher ›Hausschätze‹ des 19. Jahrhunderts (der fröhlich von der Arbeit heimkehrende Familienvater herzt Weib und Kind und erfährt beim gemeinsamen Mahle, beim Halmaspiel sowie, vor allem und zu jeder Zeit, beim Bibelstudium tröstliche Gemeinschaft mit Gott und den Seinen); sie kotzt den Autor, natürlich, nicht weniger an als die von ihm ersonnene televisionäre Familienwirklichkeit der Gegenwart. Zusammengeklebt werden die beiden fiktiven Familienalben mit einer salbadernden Sprachsauce von erlesener Bigotterie, die den Text unversehens in die Tradition schlechter Traktatliteratur rückt: »Selten denkt der Vater (sc. der böse von heute) an das Wort: Du aber Gott, siehst mich von ferne. Sondern der Vater will lieber selber ferne sehen.« (S. 22) So geht es fort, Seite um Seite, bis dem Vater endlich doch noch die Kartoffel aus dem Maule gleitet – wohl die Pointe des Ganzen, weil dem Autor in den zwanzig Zeilen, die jetzt noch folgen, nichts recht Neues mehr einfällt.

Der Text ist vermutlich so schal, weil er seine Effekte ganz aus der äußeren Form zieht: Er fällt mit der kitschigen Idylle des 19. Jahrhunderts ins Haus und modelliert danach die beinharte Anti-Idylle des 20. Der technische Aufwand ist gering: Das Personal bleibt dasselbe – der Vater, die Mutter, die Kinder –, ihre Charakterisierung wird einfach umgedreht. Aus den frommen und kommunikativen Prachtgestalten werden dumpf-neurotische Augenhöhlenmenschen, die vor ihrem Tischaltar »dem Fernseh« huldigen – allen voran »der Vater«, der unflätige Tyrann, der die Familie mit sich in den Abgrund zieht. Krumm und schief ist daran alles: die Idylle, die Anti-Idylle, die traktätliche Form, welche »Aufklärung« schaffen will, »bevor alles zu spät ist und wir in der Hölle braten«[8] – erstere, weil sie empirisch falsch ist, die zweite, weil sie monströs karikiert, statt glaubhaft analysiert, letztere, weil sie elend aufgesetzt und in ihrer göttelnd-spöttelnden Entrüstung den Verdacht gar nicht erst aufkommen läßt, daß es Henscheid mit seiner Fernsehkonsumkritik ernst sein könnte. Unernst allerdings auch nicht. Er steht wohl irgendwie darüber.

Noch bedenklicher ist freilich, daß Henscheid seinem Protagonisten keine Chance zur Emanzipation gibt: Er haut ihn einfach in die Pfanne. Er denunziert ihn als charakterloses, unersättliches Mastschwein und faltet darüber die Hände. Das ist nicht hochkomisch, sondern tieftraurig, weil inhuman und böse. Wem das zu moralisch ist, mag statt dessen psychologisieren und sagen: Womöglich ist sich der Autor selber nicht ganz grün. Züge »des Vaters« durchziehen doch das ganze Werk Henscheids kreuz und quer – seine unbegreifliche Liebe zum Fußball etwa ist überall präsent und scheint geradezu die Mitte des Henscheidschen Denkkosmos zu markieren.[9] Was aber Henscheid recht ist, sollte er seinem Protagonisten nicht neiden. Soviel Toleranz – das wäre immerhin die Vorstufe zum Humor – dürfte sein. Lassen wir daher den Monstervater mit seiner witzlosen Kartoffel (der hartgesottene Vater von heute zieht sowieso Pommes vor) allein und wenden uns einem anderen Gegenstand zu – es gibt nämlich nicht nur den lauten, polternden Eckhard Henscheid, den Titanicer gleichsam, sondern neuerdings auch einen dezenten, fein beobachtenden Novellisten gleichen Namens: Ist vielleicht er der Hochkomiker?

## 3  Abseits

»Maria Schnee«, diesmal ausdrücklich »eine Idylle«[10], weckt in ihrer streng personalen Erzählhaltung, die feinnervig der Doppelbödigkeit des Lebens nachspürt, die schönsten Erinnerungen an Franz Kafkas Romane – allen voran an den »Prozeß« – und wäre ohne sie wohl niemals ins literarische Dasein getreten (es ist immerhin beruhigend, daß es sich so verhält und nicht umgekehrt). Im Zuge der von Kafka versäumten und daher kürzlich von Eckhard Henscheid besorgten Komplettierung des »Amerika«-Romans (»Roßmann, Roßmann...«, Teil I[11]) hat sich der Autor offensichtlich das stilistische Know-how erworben, dem großen Vorbild in epigonaler Souveränität nachzuschreiben und sich sogar zentimeterweise davon abzulösen: Nicht K. agiert in »Maria Schnee«, sondern ein H. – mit vollem Namen: Hermann.

Der Inhalt des Werkes ist wieder schnell erzählt: Hermann, vom Schicksal offenbar hart gezeichnet und zur Wanderung auf Süddeutschlands Straßen verurteilt, mietet sich in einer Kleinstadt bei Hubmeier, dem Wirt, ein. Die Nacht treibt ihn, statt ins Bett, zur Kirche Maria Schnee heraus, von der er des Morgens in den Gasthof zurückkehrt. Nach dem polizeilich unterbundenen Versuch, ein von einer überdrüssigen Mutter für 10 Mark erworbenes Kleinkind mit auf die Reise zu nehmen, verläßt Hermann das Wirtshaus wieder und zieht seine Straße fröhlich.

Dieses Geschehen – ungleich auf 230 Seiten verteilt und auf einem pausenlosen Fluß von Impressionen und selbstbezogenen Gedanken dahindümpelnd – vermittelt dem Leser vor allem zweierlei:

a) Lethargische Langeweile: Selten noch ist in einem Text so oft zur Uhr gesehen worden wie in diesem. Mit fast krimineller Energie wird die Zeit totgeschlagen. Tatwaffe: Hermanns Hintern auf Hubmeiers Wirtshausmobiliar. Dankbar verfolgt man die Ausflüge des Helden zum Klo und zurück, noch dankbarer seine abendliche Wanderung zur Kirche Maria Schnee: Wer sich tagsüber so schont, muß wohl zwangsläufig nachts aktiv sein.

b) Lebenssinn: Der Autor gibt nämlich, etwas indiskret, den geheimen Kraftquell preis, der Hermann umtreibt und den er in seinem Innersten einzuschließen sucht, unfähig, sich anderen darüber mitzuteilen. Er ist die Fußball-Bundesliga. Speziell Eintracht Frankfurt und mehr noch der 1. FC Nürnberg – eigentlich nur der letztere: Denn Hermann »konnte sich nicht um alles kümmern, es war der Club ihm Sorge schon genug. Der Trainer Gerland war ein unbeschriebenes Blatt. Ob Schwabl und Sane seinen taktischen Anweisungen freiwillig folgen würden, das war noch längst nicht garantiert« (S. 190). Mit solcher Penetranz webt der Autor an diesem faden Faden (S. 28. 37 f. 61. 66 f. 96. 117 f. 139. 149 ...), daß man gern und bald darauf verzichtet, seinen Kicker-Tick für die Tapetentür dahinter verborgener Tiefgänge zu halten. Allzu stark erinnert H.s Flug der Gedanken an den eines Broilers: Er dreht sich unaufhörlich um die einzige Achse, ohne dabei nennenswert an Höhe zu gewinnen.

Form und Inhalt des Werkes lassen bereits ahnen: Tatsächlich hat »Maria Schnee« mit Hochkomik, in welchem Sinne auch immer, nichts zu tun. Die sprachliche Seite kann diesen Eindruck nur zementieren, da jeder Wortwitz – zu dem sogar ernstere Werke gelegentlich neigen und der in »Maria Schnee«, fein portioniert, als Appetithäppchen hätte dienen können, um dem Leser über die Hungerstrecken des Werkes zu helfen – konsequent vermieden wird. Nur da und dort, wo Henscheid aus dem sprachlichen Gleichschritt fällt und sich überraschend als Sprachmetz zu üben scheint, mag ein Zwinkern über die müden Leseraugen huschen – hier vielleicht: »Der Kopf zerbrach sich, wie es gelänge, daß der Blaue (kein Geldschein, sondern H.s eingebildeter Wächter; J.W.) nochmals zu umgehen sei. Kopflos schüttelte Hermann sein Kopf« (S. 103), oder hier: »Sehr harmreich schimmerte die rechte Gesichtsflanke von Hubmeier« (S. 207), oder noch einmal angesichts desselben Profils: »Die Furchen entrollten sich auf Hubmeiers Stirnwand, gleich drauf entspannte auch der Wangen Kalk ins Sahnige« (S. 210) –, freilich muß offen bleiben, ob diese schiefen Bilder vom Autor wirklich kontrolliert gewollt oder in Schwächephasen ihm nur unterlaufen sind.

Was in »Maria Schnee« an Witz eingespart ist, scheint Henscheid freilich durch Länge wettgemacht zu haben. Wäre weniger – etwa die halbe Bogenzahl – nicht mehr gewesen? Dieser nur auf den ersten Blick berechtigte Einwand täte dem Werk schon deshalb Unrecht, weil eine solche Kürzung womöglich auch den starken Schluß des Werkes in Mitleidenschaft gezogen hätte: die Kindskaufgeschichte, die der Autor auf den letzten zwanzig Seiten angeheftet hat, werweiß[12] unter dem richtigen Eindruck, der Lesererwartung noch etwas schuldig geblieben zu sein. Ist es, wenn nicht hoch-, so doch wenigstens tragikomisch, wie Hermann mit der Mutter um 10 Mark handelseinig wird, sogar noch skrupulös erwägt, das Kind für diesen Preis womöglich zu billig erstanden zu haben (für »Maria Schnee« wäre immerhin die 3,2fache Summe aufzuwenden)? Weder das eine noch das andere. Natürlich ist dieser Vorgang, der an ein authentisches Geschehen, »einem dpa-Zeitungsartikel aus dem Jahr 1978 entliehen« (Klappentext), anknüpft, so wenig komisch wie jeder andere Handel mit der Ware Kind auch – er ist menschlich empörend oder, wo das nichts gilt, juristisch nicht hinnehmbar. Henscheid liegt freilich weder an solchen Wertungen noch daran, die Hintergründe dieses Geschäftes präzise auszuloten – psychologisch schlecht vorbereitet, wirkt die Episode deshalb wie angeflickt. Den Autor interessiert das Verhalten seines Protagonisten nur insofern, als er ihn dadurch seiner intellektuellen Defizienzen überführen kann. War Hermanns geistiger Horizont bis S. 210 im wesentlichen auf die Aufstellungs- und anderen Existenzsorgen von Trainer Gerland reduziert worden – die Figur damit auf ein Henscheid-typisches Taschenformat gedrückt –, so entlarvt ihn der abschließende Handel vor aller Welt und durchaus schadenfroh als hochkarätigen Schwachkopf (»Auf einmal konnte sich Hermann nicht mehr recht entsinnen, wo eigentlich genau die kleinen Kinder herkamen«; S. 214). Hermann svw. Blödmann. Womit der Bogen zum Vater und dessen Kartoffel geschlagen wäre: Waren dort die desavouierenden Effekte grob und laut, sind sie in »Maria Schnee« fein und leise – die Technik der grausamen Vorführung des Helden aber ist allemal dieselbe. Folglich betritt der Roman nur in Stil und Thematik Henscheidsches Neuland, nicht aber in seiner verschrobenen Ideologie. Daß sich letztere in Kategorien einer »Hochkomik« fassen ließe, entbehrt jedes Indizes – womit diese Frage auch hinsichtlich des zweiten Textes erledigt wäre. Er bietet nichts und will auch nichts bieten, was dieses Prädikat verdient – so führt unsere ganze Fragestellung gleichsam durch ein Vakuum ins Leere und ist in Bezug auf »Maria Schnee« erst recht verfehlt. Schade.

## 4  Abpfiff

Henscheid als »Hochkomiker« zu preisen – als könne man einem Glatzkopf über seine prachtvollen Locken streichen –, ist eine noble und menschlich verständliche Geste seiner Verleger. Natürlich verdient jeder Autor der gehobenen Mittelklasse ein prägnantes Markenzeichen, und da rechnet sich der »Hochkomiker« allemal besser als der Hochstapler, der er wohl in dieser Beziehung ist. Zumal solcher Sprachverschleiß den tatsächlichen Qualitäten Henscheids keinen Abbruch tut: Er weiß ja über die Probleme des Bundesligafußballs besser Bescheid als alle Vorturner der deutschen Klassik und Romantik zusammen; er vermag sich darüber – und über einiges mehr – anschaulich mitzuteilen[13], meist in kauzig-wichtigen, eindeutigen Sätzen ohne ärgerlichen Doppel- oder Hintersinn, gedankenklar wie Sichtbeton, wo Fassade und Kern immer vom gleichen Material; er weiß sich auch emotional einzubringen, doch liegt ihm der scharfe Fluß der Galle näher als das heitere Perlen des Humors – beides sollten die Werbestrategen der Verlage ebenso wie die von ihnen eingeschäumte literarische Öffentlichkeit freilich etwas genauer unterscheiden lernen. Hier besteht, um es abschließend ganz deutlich zu sagen, ein echter Handlungsbedarf.

Das Hauptproblem dieser Detailstudie trieb übrigens den Semikomiker

## Hat Henscheid Humor?

Ernst Jandl bereits im Jahr 1957 um:

wo bleibb da
hummoooa
(...)
darrr kööönich vonn
hummmmmmmmooooooooooooooooooa
rrrrr[14]
?

Soviel immerhin soll deutlich geworden sein: Eckhard Henscheid ist die Antwort auf diese Frage nicht.

---

**1** Womöglich fiktives Zitat; abgedruckt nach dem Klappentext von Eckhard Henscheid: »Frau Killermann greift ein. Erzählungen und Bagatellen«, Zürich (Haffmans) 1985. – **2** S. etwa »WerWasWo? im Taschenbuch. Gesamtverzeichnis aller Taschenbücher«. Ausgabe 1989/90. München (Rossipaul) 1989, S. 227. – **3** M. Zeller in der »Frankfurter Allgemeinen Zeitung«; zitiert nach zahllosen »Merkheften« der Zweitausendeins Versand Dienst GmbH, dem Vertriebsmonopolisten der »Trilogie«, z.B. Nr. 104, S. 62. – **4** Klappentext des Gemeinschaftswerkes Eckhard Henscheid / Immanuel Kant: »Der Neger (Negerl)«, Zürich (Haffmans) 1988. – **5** Wie Anm. 1, S. 332–335. – **6** Benutzte (weil verbreitetste) Ausgabe: Frankfurt/M. (Fischer) 1984. (Fischer Taschenbuch 8130). Für die Henscheid-Philologie ist von Bedeutung, daß dieser »Roman« 1988 in einer »neu durchgesehenen« Edition des Haffmans-Verlages, Zürich, vorgelegt wurde. Sollten dabei Textveränderungen unterlaufen sein (was ich nicht festgestellt habe), berühren sie die schmale Substanz des Werkes vermutlich kaum. – **7** S. 1–6 des Werkes nehmen Titelei und Motto ein. – **8** S. den Rückentext der Ausgabe von 1984. – **9** Henscheids Hauptwerk hierzu heißt: »Standardsituationen. Fußball-Dramen«, Zürich (Haffmans) 1988. (Haffmans TaschenBuch 10). Vgl. ferner das Gesamtwerk, passim; z.B. wie Anm. 4, S. 113–117 (der Fußball und der Neger). Religionsgeschichtlich bedeutsam ist Henscheids optimistische Kicker-Eschatologie: »wenn der Tod nicht schlimmer war als die Zweite Bundesliga, dann gab es ja doch ein Fortleben und Fortkommen, sogar mit der Möglichkeit des Wiederaufstiegs in die Erste Liga, und dies Comeback war ja nichts anderes als die alte, bewährte und hochverdiente Idee der Reinkarnation, der Metempsychose, der Wiederkunft u.s.w.«, dargelegt in »Dolce Madonna Bionda. Roman«, Zürich (Haffmans) 1983, S. 6. – **10** Zürich (Haffmans) 1988. – **11** Zürich (Haffmans) 1982. – **12** Henscheid-Deutsch; hochsprachlich svw. »vielleicht«. – **13** Henscheids Credo: »Der Herr sei mein Hirte, mein Name ist Hase, ich weiß von nichts« (wie Anm. 6, S. 80), ist daher eine glatte Untertreibung, wie schon der Umstand verrät, daß er gar nicht »Hase«, sondern Henscheid heißt. – **14** Abgedruckt z.B. in: »Laut und Luise«, Neuwied, Berlin (Luchterhand) 1971. (Sammlung Luchterhand 38), S. 161.
Korrekturzusatz: Am 9.4.1990 hat der 1. FC Nürnberg seinen Trainer Gerland entlassen – welche Auswirkungen dieses einschneidende Ereignis auf das weitere Schaffen Henscheids haben wird, bleibt sorgfältig zu beobachten.

Dieter E. Zimmer

# Nicht Wildschweinschinken, nur Wiener Würstchen

Als ich 1984 für eine Kurzgeschichtenserie des »Zeitmagazins« unveröffentlichte Texte suchte, fragte ich auch bei Eckhard Henscheid an, ob er nicht etwas für uns habe – und bekam prompt einen ganzen Packen zur Auswahl, Sachen alles, die dann in dem Band »Frau Killermann greift ein« aufgingen. Das »Zeitmagazin« druckte davon schließlich die schöne Story »Die Gage«. Eigentlich aber...

Und das fand ich doch verwunderlich. Eigentlich nämlich hätte ich gern »Die Wurstzurückgehlasserin« genommen. Aber ich wußte schon beim ersten Lesen: Das geht nicht. Das gäbe Scherereien über Scherereien. Nicht, daß wirklich etwas ›passiert‹ wäre: Ich wäre nicht entlassen worden, der verantwortliche Redakteur nicht ›zu den Leserbriefen‹ versetzt. Wir hätten nur wochenlang Post von Oberstudienrätinnen, Elternverbandsgeneralsekretären, Pfarradjunkten, Vizeprofessoren der Vorschulpädagogik bekommen, leise Post, kummervolle Post des Inhalts: Wie können Sie nur! Die Situation der Welt im allgemeinen und unserer Jugend im besonderen ist schließlich traurig genug – und da kommen Sie und machen alles durch eine Roheit und Geschmacklosigkeit sondergleichen noch viel schlimmer! Ein solches Hetzblatt kommt uns nicht mehr ins Haus! Und auf dem Korridor die Kollegen hätten mich auch so fassungslos angesehen: Mußte das denn sein? Und dann hätte ich Antwortbriefe verfassen müssen: Ihre werte Reaktion ist natürlich vollauf verständlich, nur bitte ich darum, einmal folgendes bedenken zu wollen... Fatale Briefe also, da sie niemanden von irgend etwas überzeugt hätten. Natürlich könnte ich mich irren, und es wäre alles ganz anders gekommen; aber nach damals fünfundzwanzig Jahren Berufserfahrung glaubte ich recht genau zu wissen, wie Leser etwas aufnehmen.

Und da genau ist der Punkt. Wir sind doch nun wahrhaftig abgebrüht und ausgebufft wie noch nie. Passé die fröhlichen Zeiten, da der Kulturbetrieb mutig dafür kämpfen konnte, einen nackten Busen der öffentlichen Betrachtung auszusetzen, die Darstellung einer Defäkation als gesellschaftskritische Großtat zu akzeptieren, eine Soutane oder Richterrobe nicht für eine Textilie zu halten, die ihrem Träger das Anrecht gibt, von Hohn und Spott verschont zu bleiben. Literarische Skandale finden heutzutage nicht mehr statt. Selbst wenn ein Schriftsteller darauf aus wäre, einen zu erregen, erntete er sehr wahrscheinlich nicht mehr als ein müdes Achselzucken. Nur noch eine sichere Methode der Provokation gibt es: die persönliche Beleidigung (siehe Thomas Bernhard). Genaugenommen jedoch ist sie das Gegenteil eines Skandals: Einer zwar ärgert sich, alle anderen aber reiben sich schadenfroh die Hände. Anfang der sechziger Jahre entfesselte Edward Goreys Bildergeschichte »Das Geheimnis der Ottomane« noch den geballten moralischen Protest der »Zeit«-Leserschaft, obwohl ihr Witz gerade darin bestand, weder in Wort noch Bild die mindeste Erotik manifest werden zu lassen: Alle ›Pornographie‹ konnte sich nur im Kopf des Lesers abgespielt haben. Nein, das war das Mittelalter; heute käme so etwas nun wirklich nicht mehr vor.

Was also hat die »Wurstzurückgelasserin«, daß sie so vielen ernsten und verantwortungsvollen Leuten, die sonst ganz schwer zu erschüttern wären, empfindlich auf die Füße träte? Wie hat Henscheid es doch noch einmal geschafft?

Eine kleine Familienfeier in einem Ausflugsrestaurant auf dem Feldberg. Vater und Mutter feiern Silberhochzeit, Sohn und Schwiegertochter leisten ihnen Gesellschaft. Die Mutter bestellt nicht, was die anderen mit normalem Genuß essen: Wildschweinschinkenhappen. Sie bestellt zwei Wiener Würstchen, die ihr aber nicht schmecken und die sie darum zurückgehen läßt, nicht ohne daß der Vater dem Kellner ein paar barsche Worte an den Kopf wirft. Das ist alles: die Harmlosigkeit selbst also. Was um Himmelswillen soll das Skandalöse an einem nicht gegessenen Würstchen sein?

Das: Der Sohn, der die läppische Begebenheit berichtet, macht sich Gedanken über seine Eltern, insbesondere über die Mutter. Er glaubt zu wissen, warum sie die Würste erst bestellt und dann nicht ißt; daß sie sie nur bestellt, um sie zurückgehen lassen zu können, denn sie sind völlig in Ordnung; und daß das überhaupt ihre Standardstrategie ist, eine, mit der sie ihre Familie seit jeher terrorisiert, weil sie sie selber unfehlbar in den Mittelpunkt rückt und anderen jedes Vergnügen vermiest: ihr, der chronisch Leidtragenden, der Gekränkten, der vom Leben Malträtierten, der immer und immer wieder um die bescheidenste Freude Geprellten – selbst noch an so einem Freudentag, zum hohen Fest der Silbernen Hochzeit noch tut die Welt dieser Ärmsten verdorbene Würste an! Während der Sohn sich das klarmacht, gehen ihm etliche unfreundliche Worte über seine Mutter und die willige Komplizenschaft seines Vaters durch den Kopf. Er denkt sich sein Teil. Er denkt unter anderem dies: »Mein Vater ist ein ziemlich dummer Hund. Und meine Mutter eine ausgesprochen blöde Sau.«

Solche Worte: Sie sind das Skandalon. Sie verletzen ein bis heute bestehendes Tabu. Über Fremde wären sie erlaubt. Innerhalb der Kernfamilie aber sagt und denkt man derartiges nicht übereinander. Kindesmißhandlungen sind natürlich eine üble Sache, aber auch Eltern- oder Geschwistermißhandlungen, auch verbale, auch in Gedanken. Daß eine Zeitung dergleichen auch noch druckt: Dafür hätte man nun wirklich kein Verständnis.

Nun könnte man dem Protest ganz einfach begegnen. Man brauchte bloß zu sagen: Aber das gibt es doch, solche Eltern, solche Kinder, solche Feiern, wir kennen sie alle, und der Autor hat hier nichts erfunden, ein schonungsloser Realist im aufopferungsvollen Dienst der Wahrheit. Das wäre zwar ganz offenkundig richtig, überzeugte aber natürlich niemanden. Absolviert wäre der Autor nur, wenn er ausdrücklich betont hätte, daß solche Sprüche seitens eines Sohnes zu mißbilligen sind und von ihm selber schärfstens verurteilt werden. Henscheid aber tut nichts dergleichen. Er zeigt vielmehr: Der Sohn hat Gründe, er hat wahrscheinlich einfach recht, sein Vater ist wirklich ein Trottel und die Mutter eine blöde Sau.

Dies ist sozusagen die anarchische Ebene der kurzen Erzählung, die Ebene, auf der Dinge ausgesprochen werden, die Takt und Anstand und eine allgemeine menschliche Rücksichtnahme auszusprechen eigentlich verbieten. Sie tut allerdings weh, hat aber auch etwas Befreiendes, denn sie zerreißt ein kompliziertes und etabliertes und sanktioniertes Lügengebilde, hier jenes familiärer Harmonie.

Ich möchte »Die Wurstzurückgehlasserin« hier nicht um diese anarchische Dimension bringen, aber doch darauf hinweisen, daß Henscheid ein so Schlimmer denn vielleicht doch nicht ist. Um das zu sehen, muß man die Geschichte allerdings auf eine andere Art lesen, eine Art, die man zwar für die selbstverständliche halten sollte, die man erfahrungsgemäß aber doch nur wenigen abverlangen kann. Unentwegt verwechseln selbst geübte Leser den sogenannten Ich-Erzähler umstandslos mit dem Autor. Wenn ein Mensch der Fiktion ungerügt sagt, seine Mutter sei eine blöde Sau, dann schließen sie geradewegs, der Autor nenne seine eigene Mutter ein blöde Sau, er verfechte generell das Prinzip, daß die Leute ihre Mütter blöde Säue finden und nennen sollen.

Das aber tut Henscheid nicht, und wenn er es täte, wäre »Die Wurstzurückgehlasserin« auch eine viel schlechtere Story. Er distanziert sich sehr wohl von seiner Figur. Um dies wahrzunehmen, darf man den Sohn nicht beim Wort nehmen, sondern muß fragen, was er selber denn für einer ist. Dann zeigt sich: Er ist einer, der sich zwar groß darüber aufregt, wie der Vater das Spiel der Mutter mitspielt und seine eigene Frustration an dem Kellner ausläßt, der hier der Schwächere ist; der es aber genauso mitspielt. Auch der Sohn kostet von der einwandfreien Wurst und findet sie der Mutter zuliebe verdorben, noch verdorbener als der Vater; oder nicht ›der Mutter zuliebe‹, sondern aus habitueller Feigheit. Er denkt sich sein Teil, aber unterstützt ›die Verhältnisse‹ aufs bereitwilligste. Selbst seine brutalen Sprüche reflektieren irgendwie die spießige und borniete Selbstsucht, der er in dieser Familie ausgesetzt war, an der er aber anscheinend auch immer mitgewirkt hat. So daß man einer wahrhaft katastrophalen Sippschaft ansichtig wird, bei der keiner dem anderen nachsteht: wie von Grützner gemalt. (Warum ist dergleichen als Bild nicht anstößig?) Henscheid billigt diesen Lebensmodus in keiner Weise: die Geschichte insgesamt verwirft ihn natürlich, und eben darin – und daß sie ihre »Botschaft« nicht dick aufträgt, sondern dem Leser zutraut, sie selber aufzuspüren – besteht ihr Witz und ihre Qualität.

Michael Matthias Schardt

# Auswahlbibliographie zu Eckhard Henscheid

## Vorbemerkung

Auch diese bislang umfangreichste Bibliographie zu Eckhard Henscheid strebt keine Vollständigkeit an. Im Bereich der Primärliteratur werden unter der Rubrik »Veröffentlichungen in Sammelbänden, Zeitschriften und Zeitungen« nur die wichtigen, aus poetologischem, schriftstellerischem Selbstverständnis o.ä. aufschlußreichen Publikationen des Autors aufgeführt. Seine zahlreichen Beiträge in verschiedenen Satireblättern, für die er z.t. als Redakteur schrieb, müssen notwendigerweise unberücksichtigt bleiben. Das Verzeichnis der Sekundärliteratur verzichtet weitgehend auf wenig aussagekräftige Berichte zu Henscheids Lesungen. Da es bisher kaum größere Aufsätze oder gar Monographien zum Werk gibt, ist eine Auffächerung der Sekundärliteratur z. Zt. noch nicht sinnvoll. Sie besteht fast ausschließlich aus Rezensionen, die hier chronologisch angeordnet sind.

## I Primärliteratur

### 1 Werke

»Im Kreis. Historischer Roman«. (Unter dem Pseudonym Hans Eckhard Sepp erschienen). Amberg (Selbstverlag) o.J. (1968).

»Die Vollidioten. Ein historischer Roman aus dem Jahr 1972«. Amberg (Selbstverlag) o.J. (1973). Neuausgabe: Mit Zeichnungen der Originalschauplätze von F.K. Waechter. Frankfurt/M. (Zweitausendeins) 1978. (= Band 1 der »Trilogie des laufenden Schwachsinns«; es fehlen das Nachwort »Zu diesem Buch« des Autors sowie die Subskribenten-Liste des Privatdrucks).

»Unser liebes Amberg. Ein kleiner Stadtführer«. Mit Zeichnungen von Herbert Schuller. Amberg (Selbstverlag) 1975. (1985 unter dem Titel »Amberg I« aufgenommen im Band »Frau Killermann greift ein«).

»Geht in Ordnung – sowieso – – genau – – –. Ein Tripelroman über zwei Schwestern, den ANO-Teppichladen und den Heimgang des Alfred Leobold«. (Seit der 2. Aufl.: Mit Zeichnungen von Robert Gernhardt). Frankfurt/M. (Zweitausendeins) 1977. (= Band 2 der »Trilogie des laufenden Schwachsinns«).

»Die Mätresse des Bischofs. Roman«. Mit Zeichnungen von F.W. Bernstein. Frankfurt/M. (Zweitausendeins) 1978. (= Band 3 der »Trilogie des laufenden Schwachsinns«).

»über Oper. Verdi ist der Mozart Wagners. Ein Opernführer für Versierte und Versehrte«. Zusammen mit Chlodwig Poth. Mit Gastbeiträgen von Bernd Eilert, Robert Gernhardt und Herbert Rosendorfer. Luzern, Frankfurt/M. (Edition Guido Baumann im Verlag C.J. Bucher) 1979. Lizenzausgabe: Frankfurt/M., Berlin, Wien (Ullstein) 1982. (= Ullstein Buch 20184).

»Ein scharmanter Bauer. Erzählungen und Bagatellen«. Frankfurt/M. (Zweitausendeins) 1980. Neudruck eines Auszugs: »14 Schwedengeschichten«. Versehen mit Holzschnitten von Michael Gölling. Hersbruck (Original Hersbrucker Bücherwerkstätte) 1984.

»Beim Fressen beim Fernsehen fällt der Vater dem Kartoffel aus dem Maul. (Roman)«. München (Klaus G. Renner) o.J. (1981). Taschenbuchausgabe: Frankfurt/M. (Fischer) 1984. (= Fischer Taschenbuch 8130). Neuausgabe: Zürich (Haffmans) 1988. (= 1. Band der später so genannten »Kleine[n] Trilogie der großen Zerwirrnis«).

»Roßmann, Roßmann... Drei Kafka-Geschichten«. Zürich (Haffmans) 1982. Taschenbuchausgabe (der 2. Erzählung): »Franz Kafka verfilmt seinen ›Landarzt‹.

Erzählung«. Zürich (Haffmans) 1988. (= Haffmans TaschenBuch 5).
»Der Neger (Negerl)«. Zusammen mit Immanuel Kant. München (Klaus G. Renner) 1982. Taschenbuchausgabe: Frankfurt/M. (Fischer) 1985. (= Fischer Taschenbuch 8131). Neuausgabe: Zürich (Haffmans) 1988. (Um einen Anhang erweiterte Neuausgabe; = 2. Band der später sogenannten »Kleine[n] Trilogie der großen Zerwirrnis«).
»Wie Max Horkheimer einmal sogar Adorno hereinlegte. Anekdoten über Fußball, Kritische Theorie, Hegel und Schach«. Mit Zeichnungen von F.W. Bernstein. Zürich (Haffmans) 1983.
»Dolce Madonna Bionda. Roman«. Zürich (Haffmans) 1983. Taschenbuchausgabe: Zürich (Haffmans) 1989. (= Haffmans TaschenBuch 27).
»Literarischer Traum- und Wunschkalender auf das Jahr 1985«. Mit Zeichnungen von F.W. Bernstein. Zürich (Haffmans) 1984. (= Haffmans' Freie Flugschriften 0).
»Frau Killermann greift ein. Erzählungen und Bagatellen«. Zürich (Haffmans) 1985. Taschenbuchausgabe (Auswahl): »Die Wurstzurückgehlasserin. Erzählungen«. Zürich (Haffmans) 1988. (= Haffmans TaschenBuch 20). Neudruck eines Kapitels: »Blick in die Heimat. 28 Nachrichten«. Linol-Vignetten von Michael Gölling. Hersbruck (Original Hersbrucker Bücherwerkstätte) 1988.
»Helmut Kohl. Biographie einer Jugend«. Zürich (Haffmans) 1985.
»Fußballkalender. Eckhard Henscheid's Sämtliche Clubanekdoten – Höhe- & Tiefpunkte aus der Geschichte einer deutschen Fußballhochburg nebst Einsichten in das Wesen von Nürnberg und Sport-an-sich von Max Merkel über Spezi Schaffer bis zu Teppich Roth«. (Mit Holz- und Linolschnitten). Hersbruck (Original Hersbrucker Bücherwerkstätte) 1985.
»Erläuterungen und kleiner Kommentar zu Eckhard Henscheids Roman-Trilogie ›Die Vollidioten‹ ›Geht in Ordnung – sowieso – – genau – – –‹ ›Die Mätresse des Bischofs‹«. Zusammengestellt von Herbert Lichti und Eckhard Henscheid. Frankfurt/M. (Zweitausendeins) 1986.
»Erledigte Fälle. Bilder deutscher Menschen«. Mit 24 Porträtstudien von Hans Traxler. Frankfurt/M. (Zweitausendeins) 1986.
»Sudelblätter«. Zürich (Haffmans) 1987.
»TV-Zombies. Bilder und Charaktere«. Zusammen mit F.W. Bernstein. Mit Zeichnungen von F.W. Bernstein. Zürich (Haffmans) 1987.
»Wir standen an offenen Gräbern. 120 Nachrufe«. Zürich (Haffmans) 1988. (= 3. Band der später so genannten »Kleine[n] Trilogie der großen Zerwirrnis«).
»Standardsituationen. Fußball-Dramen«. Mit einigen Beiträgen von F.W. Bernstein. Zürich (Haffmans) 1988. (= Haffmans TaschenBuch 10).
»Maria Schnee. Eine Idylle«. Zürich (Haffmans) 1988.
»Die drei Müllerssöhne. Märchen und Erzählungen«. Zürich (Haffmans) 1989.
»Was ist eigentlich der Herr Engholm für einer? Ausgewählte Satiren und Glossen. Erste Folge 1969–1989«. Zürich (Haffmans) 1989. (= Haffmans TaschenBuch 50).

## 2 Herausgebertätigkeit

»Unser Goethe. Ein Lesebuch«. Hg. von Eckhard Henscheid und F.W. Bernstein. Zürich (Diogenes) 1982. Neuausgabe: Frankfurt/M. (Zweitausendeins) 1987.
»Dummdeutsch. Ein satirisch-polemisches Wörterbuch«. Unter Federführung von Eckhard Henscheid und Mitwirkung von Carl Lierow und Elsemarie Maletzke mit Zeichnungen von Chlodwig Poth. Frankfurt/M. (Fischer) 1985. (= Fischer Taschenbuch 7583).
»Mein Lesebuch«. Hg. von Eckhard Henscheid. Frankfurt/M. (Fischer) 1986. (= Fischer Taschenbuch 5762).

## 3 Veröffentlichungen in Sammelbänden, Zeitschriften und Zeitungen (Auswahl)

»Bin ich ein Gi-Ga-Gantenbein? Oder ein Wuschel nur? Unbescheidener Hinweis auf zwei begnadete Vertreter deutscher Nonsense-Literatur«. In: Frankfurter Rundschau, 3.3.1973. (Über Robert Gernhardt und F.W. Bernstein).
»In brandeigener Sache. Zur Lage der deutschen Literaturkritik«. In: Der Rabe. Magazin für jede Art von Literatur, 1983. Nr. 4, S. 163–175.
»Literaturpreise oder Aus der Welt der Obszönität«. In: Merkur. Deutsche Zeitschrift für europäisches Denken, Jan. 1986. Heft 443, S. 66–71.
»Zeitgeistreich«. In: Rheinischer Merkur/Christ und Welt, 3.10.1986. (Über die Frankfurter Buchmesse).
»Ein gentiler Herr. Über die Bücher und das Leben von Ror Wolf«. In: Merkur. Deutsche Zeitschrift für europäisches Denken, Nov. 1987. Heft 465, S. 1012–1018.
»ich habe gelesen«. In: Konkret, Jan. 1988, S. 62 f.
»Zum Faschingssonntag: Komisches von heute

# Auswahlbibliographie

und gestern. Ein hochpersönlicher Überblick von Eckhard Henscheid«. In: Bayerischer Rundfunk II, Sonntagsjournal, 5.2.1989, 18.05 Uhr. (Manuskript 32 Seiten).
»Fassungsloses Betroffensein. Wie man ein moralisches Thema ruiniert. Eine Polemik von Eckhard Henscheid«. In: Frankfurter Allgemeine Zeitung, 31.1.1990. (Zu: Gabriele v. Arnim: »Das große Schweigen. Von der Schwierigkeit, mit den Schatten der Vergangenheit zu leben«).

## 4 Übersetzungen

Woody Allen: »Der Stadtneurotiker. ›Annie Hall‹«. Drehbuch von Woody Allen und Marshall Brickman. Aus dem Amerikanischen von Eckhard Henscheid und Sieglinde Rahm. Zürich (Diogenes) 1981. (= detebe 225/2).

## 5 Theater

»Das Lumpengesindel, oder: Wo nur der Vadda wieder bleibt«. Privataufführung, Frankfurt/M. 1971.
»Eckermann und sein Goethe. Ein Schau-/Hörspiel getreu nach der Quelle«. Von F.W. Bernstein, Bernd Eilert und Eckhard Henscheid. Gesendet als Hörspiel im Hessischen Rundfunk 1979. Aufführung Wilhelmsbad, Mai 1980. (Entstanden 1974; Erstdruck in: »Unser Goethe« (s. I/2), 1982, S. 977–1110).
»Standardsituationen«. Volkstheater Fürth/Nürnberg, 1.9.1988. Regie: Kuno Windisch.

## 6 Hörspiele

»Die Städte an der Donau oder Großmutter rückt ein. Eine lyrische Szenenfolge mit viel Musik«. Hessischer Rundfunk, 15.2.1973.
»Eckermann und sein Goethe«. (Siehe unter Rubrik ›Theater‹).

## 7 Fernsehfilme

»Die Knapp-Familie«. Serie in sechs Teilen. Co-Autor des Drehbuchs. (Zusammen mit Stephan Meyer). ARD (Westdeutscher Rundfunk) 1979.

## 8 Gespräche

»›Hochheikel und Schwerambivalent‹. Eckhard Henscheid im Gespräch«. In: Haffmans' Hinkender Bote. 3. Jg., 1985. Nr. 7.
Reinhardt, Eugen / Volber, Michael: »Alles was recht ist«. Gespräch. In: Tip 16, 1987. H. 24, S. 23a–23d.

Huter, Harald: »Eckhard Henscheid: ›Der Beckenbauer, das Giesinger Depperl‹«. Gespräch. In: plärrer, Aug. 1988.
Stuber, Manfred: »Die wiedergewonnene Naivität der katholischen Kindheit. Ein Gespräch mit Eckhard Henscheid über ›Maria Schnee‹. Anstelle einer Rezension / Henscheids neues Prosawerk spielt in seiner Heimatstadt Amberg / Im Haffmans Verlag erschienen«. In: Mittelbayerische Zeitung, 14./15.1.1989.

## II Sekundärliteratur (Auswahl)

dpa: »Leser gesucht«. In: Frankfurter Allgemeine Zeitung, 2.8.1972.
Werth, German: »Mitbestimmung für Romanleser. Ein Buch, das ohne Verleger erscheinen will«. In: Stuttgarter Zeitung, 9.8.1972.
Rosema, Bernd: »Eckhard Henscheids Vollidioten. Zum ersten Mal in der Literaturgeschichte will ein Autor einen Roman im Auftrag seiner Leser schreiben«. In: pardon, Aug. 1972.
anonym: »Suche nach Verleger. Volks-Autor verkauft Rechte«. In: Wiesbadener Kurier, 14.2.1973.
Blum, Doris: »Abrechnung mit den Zechkumpanen. Eckhard Henscheid liest in einem Wirtshaus aus seinem Roman ›Die Vollidioten‹«. In: Stuttgarter Zeitung, 27.2.1973.
Gernhardt, Robert: »Die Chronik des laufenden Schwachsinns. ›Die Vollidioten‹ des Eckhard Henscheid«. In: pardon, Apr. 1973.
Voss, Henner: »Trilogie des Schwachsinns. Drolliger Außenseiter der Literaturszene: Eckhard Henscheid«. In: Kölner Stadt-Anzeiger, 30.7.1977. (Zu: »Geht in Ordnung«).
Dittberner, Hugo: »Kichersalven zur Lage der Nation. Eckhard Henscheids Roman ›Geht in Ordnung – sowieso – genau –‹ (sic!)«. In: Frankfurter Rundschau, 31.8.1977.
Schmidt, Jochen: »Geht in Ordnung? Sowieso! Eckhard Henscheids Roman / Vom Leben in der Provinz«. In: Frankfurter Allgemeine Zeitung, 1.9.1977.
Voss, Henner: »Eckhard Henscheid. Geht in Ordnung–sowieso–genau (sic!)«. In: stern, 29.9.1977.
G., W. (Herbert Rosendorfer): »Wir sind verdammt zur Ewigkeit der Blöd (sic!)«. In: Rogner's Magazin, 1977. Nr. 11, S. 131. (Zu: »Geht in Ordnung«).
Kramberg, K(arl) H(einz): »Sieben Tage Blödsinn«. In: Süddeutsche Zeitung, 26.8.1978. (Zu: »Vollidioten«).
Zeller, Michael: »Flüssig erzählte Nichtereignisse. Ein Mordsspaß: Eckhard Henscheids Roman ›Die Vollidioten‹«. In: Frankfurter Allgemeine Zeitung, 27.9.1978.

89

anonym: (Ohne Titel). In: Playboy, Okt. 1978. (Zu: »Vollidioten«).
Wollschläger, Hans: »»Die Vollidioten – Ein historischer Roman aus dem Jahr 1792 (sic!)‹, von Eckhard Henscheid«. In: Die Zeit, 1.12.1978.
Kraeter, Dieter: »Das politische Buch. Anmerkungen zum Verbleib der ›revolutionären Avantgarde‹«. In: Rheinischer Merkur/Christ und Welt, 12.1.1979. (Zu: »Vollidioten«).
Jacobs, Karl: »Ein Buchtip«. In: Essener Theaterring. Nr. 8. 1979/80. S. 12–15. (Zu: »über Oper«).
Zondergeld, Rein A.: »Eckhard Henscheid und Chlodwig Poth, Über Oper«. In: Westdeutscher Rundfunk 3, 21.7.1980. (Manuskript 6 Seiten).
Sticht, B.: »Henscheid, Eckhard u. Chlodwig Poth: Über Oper«. In: Das neue Buch, 23.9.1980.
Schröter, Heinz: »Eckhard Henscheid/Chlodwig Poth ›...über Oper‹«. In: Das Orchester, 9/1980.
eu (Robert Breuer): (Ohne Titel). In: Aufbau (New York), 2.1.1981. (Zu : »über Oper«).
Jungheinrich, Hans-Klaus: »Schräger Blick von unten. Eckhard Henscheid über Oper, Tod und Leben und so weiter«. In: Frankfurter Rundschau, 14.3.1981. (Zu: »über Oper« und »Ein scharmanter Bauer«).
Schreiber, Thomas: »›heillos der Roman fortknüppelt‹«. In: Südwestfunk 2, 20.2.1982. (Zu: »Beim Fressen«; Manuskript 3 Seiten).
Uthmann, Jörg von: »Tosca und das Känguruh. Eckhard Henscheids Plaudereien ›...über Oper‹«. In: Frankfurter Allgemeine Zeitung, 15.5.1982.
H(elmut) B(lecher): »Eckhard Henscheid / Chlodwig Poth ... ÜBER OPER. Verdi ist der Mozart Wagners«. In: Tipp (Siegen), Mai 1982.
Seipel, Rainer-R.: »Ach, du lieber Goethe. Zum 233. Geburtstag: ›Ein Lesebuch‹ von Bernstein & Henscheid«. In: tz (München), 14.9.1982.
Baumgart, Reinhard: »Ein Denkmal aus Tiefsinn, Quatsch und Pedanterie«. In: stern, 30.9.1982. (Zu: »Goethe«).
Drews, Jörg: »Bernstein/Henscheid: Auch eine Anthologie. Gaudi mit Goethe. Die Oberspaßmacher der Nation schlagen zu«. In: Die Zeit, 8.10.1982.
Weinzierl, Ulrich: »In Kafkas pflaumenblauem Schatten. Eckhart (sic!) Henscheids Erweiterung des ›Amerika‹-Romans«. In: FAZ, 15.11.1982. (Zu: »Roßmann«).
Pfoser, Alfred: »Goethe von allen Seiten«. In: Salzburger Nachrichten, 4.12.1982.

anonym: »Ach, Johann Wolfgang«. In: Capital, 12/1982.
Vogl, Walter: »Schabernack mit Kafka. Geburtstagsüberraschung«. In: Die Presse (Wien), 5./6.3.1983. (Zu: »Roßmann«).
Meyer-Herzog, Kurt: (Ohne Titel). In: Basler Zeitung, 24.3.1983. (Zu: »Schwachsinns-Trilogie« und »Roßmann«).
Aeppli, Felix: »Wer liest was?« In: Tages-Anzeiger (Zürich), 8.4.1983. (Zu: »Geht in Ordnung« und »Roßmann«).
Tantow, Lutz: »Alles klar, Herr K...? Eckhard Henscheid parodiert Kafka«. In: Saarbrükker Zeitung, 16./17.4.1983. (Zu: »Roßmann«).
anonym: »Goldmedaille: Adorno«. In: Der Spiegel, 23.5.1983. (Zu: »Horkheimer«).
Schreiber, Thomas: (Ohne Titel). In: Südwestfunk 2, 21.5.1983. (Zu: »Neger« und »Roßmann«; Manuskript 4 Seiten).
bn: »Urkomische Episoden. Eckhard Henscheids scharfsinnige Anekdoten«. In: Westfälische Nachrichten, 22.6.1983. (Zu: »Horkheimer«).
Zimmer, Dieter E.: »Ein Meister der Tonfälle unserer Alltags-Sprache, nach dessen Büchern man süchtig werden kann. Astrein. Echt Spitze. Eckhard Henscheid: der Virtuose des ›laufenden Schwachsinns‹, seine Romane, Geschichten, Anekdoten«. In: Die Zeit, 1.7.1983.
rh: »Unsere Buchbesprechung. ... über Oper / Verdi ist der Mozart Wagners«. In: Fränkische Nachrichten, 4.8.1983.
Niers, Gert: »Chronist des Trivialzeitalters«. In: Aufbau (New York), 23.9.1983. (Zu: »Schwachsinns-Trilogie«).
Fischer, Jürg(en) / Lippuner, Heinz: »Porträt des Schriftstellers Eckhard Henscheid – ein wortgewaltiger Chronist des Sprachverlusts. Die Eigentlichkeit des Jargons«. In: Die Wochenzeitung (Zürich), 18.11.1983.
Becker, Michael: »Volles Rohr Allotria. Eckhard Henscheids hervorragender Roman ›Dolce Madonna Bionda‹ – Gräßlich schön und ätzend heiter«. In: Nürnberger Nachrichten, 9.1.1984.
Hangartner, Urs: »Literarischer Humor höchster Güteklasse: Eckhard Henscheids ›Dolce Madonna Bionda‹. Herr Hammer sucht in Bergamo nach Süssblondem«. In: Luzerner Neueste Nachrichten, 10.2.1984.
Iwannek, Udo: »Kohls Klassiker«. In: Konkret, Feb. 1984. (Zu: »Dolce Madonna«).
rst: »Henscheids blondes Traumweib«. In: Basler Zeitung, 24.3.1984. (Zu: »Dolce Madonna«).
Jost, Dominik: »Ein Gefangener seiner Sprache. Eckhard Henscheids Roman ›Dolce

Madonna Bionda««. In: Neue Zürcher Zeitung, 10.4.1984.

Theurer, Claudia: »Sehnsucht voller Tango und Trauer. ›Dolce Madonna Bionda‹ von Eckhard Henscheid«. In: Abendzeitung (München), 12.4.1984.

Prosinger, Wolfgang: »Der alltägliche Wahnsinn«. In: Badische Zeitung (Magazin), 28./29.4.1984. (Zu: »Dolce Madonna«).

Mosch, Annemarie: »Bewegendes Nichts. Henscheid für Fortgeschrittene«. In: plärrer, Apr. 1984. (Zu: »Dolce Madonna«).

Jacobs, Jürgen: »Kußhand vom Papst. ›Dolce Madonna Bionda‹, ein Roman von Eckhard Henscheid«. In: Frankfurter Allgemeine Zeitung, 25.5.1984.

Viking, C.: »Tango macht traurig. Eckhard Henscheids neuer Roman ›Dolce Madonna Bionda««. In: Augsburger Allgemeine, 16.7.1984.

Silvin, Thomas: »Metaphernauflauf«. In: Süddeutsche Zeitung, 1./2.9.1984. (Zu: »Dolce Madonna«).

bee (Monika Beer): »Eckhard Henscheids neues Taschenbuch: Vom Sein, vom Schein und dem Schwein...«. In: Amberger Zeitung, 29.12.1984. (Zu: »Beim Fressen«).

Sieg, Sören: »Ein Feldzug gegen die Geschwätzigkeit. Dummdeutsch«. In: die tageszeitung, 11.3.1985.

Philipp, Bernd: »Satirisches Wörterbuch der sprachlichen Monster. ›Dummdeutsch‹ – ein Volk sucht ein Positiverlebnis...«. In: Berliner Morgenpost, 7.4.1985.

Forster, Karl: »Wenn der Kontext beim Pflökeln gleich Null ist. Lexikon über ›Dummdeutsch‹«. In: Abendzeitung (München), 23.4.1985.

Bartmann, Christoph: »Hitparade der Sprachblödheiten«. In: Falter (Wien), 27.4.–2.5.1985. (Zu: »Dummdeutsch«).

Feldmann, Sebastian: »Sprachsatire, echt ätzend. ›Dummdeutsch‹«. In: Rheinische Post, 18.5.1985.

Münder, Peter: »Die neue (sic!) Frankfurter Schule auf Puffbesuch in Paris: Eckhard Henscheid erzählt auch davon«. In: Szene (Hamburg), Mai 1985. (Zu: »Killermann«).

anonym: »Echt betroffen. Dummdeutsche Warnung für Urlauber«. In: Nürnberger Nachrichten, 6.6.1985.

Mauthner, Johann: »»Dummdeutsch««. In: Allgemeine Zeitung Mainz, 9.7.1985.

Schwartz, Wolf: »Klasse, Henscheid – Sowieso – Genau!« In: Bochumer Freizeit-Journal, Sept. 1985. (Gesamtporträt).

dk: »Der große Poltergeist. Eckhard Henscheids Aufsätze und Polemiken«. In: Westfalenpost, 11.10.1985. (Zu: »Killermann«).

Becker, Rolf: »Typ des Umpf«. In: Der Spiegel, 21.10.1985. (Zu: »Kohl«).

Knorr, Wolfram: »Umpf und Schwampf. Zwei Satiren über Helmut Kohl«. In: Die Weltwoche, 31.10.1985.

Fischer, Jürg(en): »Ein Buch wie Kohl«. In: Die Wochenzeitung (Zürich), 1.11.1985. (Zu: »Kohl«).

Mauthner, Johann: »Was ist ›Dummdeutsch‹? Einwände gegen ein neues Fischer-Taschenbuch«. In: Generalanzeiger (Bonn), 2.11.1985.

Scherer, Burkhard: »Ein absolut fröhliches Kind. ›Wenn man um 1953 Tenno sagte, dann konnte man fest mit Kohl rechnen.‹ E. H.« In: die tageszeitung, 6.11.1985. (Zu: »Kohl«).

Winkler, Willi: »Wer mit hohlem Zahn an der Birne nagt. Eckhard Henscheids satirische Biographie des jungen Helmut Kohl«. In: Süddeutsche Zeitung, 3.12.1985.

mb: »Ein Volltreffer. Neuer Hersbrucker Kalender mit Clubanekdoten von Eckhard Henscheid«. In: Nürnberger Nachrichten, 6.12.1985. (Zu: »Fußballkalender«).

Laakmann, Jörn: »Kartoffeln, Kohl und der Bruch in der Logik«. In: Nebelhorn (Konstanz), Nov./Dez. 1985. (Zu: »Kohl«).

Meroth, Peter: »Der Großmeister des Unterschwelligen. Anfangs ganz harmlos: Satiriker Eckhard Henscheid in der Nellinger Stadtbücherei«. In: Stuttgarter Zeitung, 1.2.1986.

rmb.: »Die Staatsaktion haut hin«. In: Der Bund (Bern), 1.3.1986. (Zu: »Killermann«).

Reinhardt, Stephan: »Oberpfälzer versus Kurpfälzer = 0:0. Eckhard Henscheid schreibt Helmut Kohls ›Biographie einer Jugend‹«. In: Frankfurter Rundschau, 1.4.1986.

ibs: »Verkohlt«. In: Rhein-Neckar-Zeitung, 20.5.1986. (Zu: »Kohl«).

bee (Monika Beer): »Eckhard Henscheids ›Lesebuch‹: ›Ewigkeitliches‹ und ›Fluchwürdiges‹«. In: Amberger Zeitung, 3.10.1986.

asa: »Wahrheit und Fiktion. Satiriker Eckhard Henscheid in der Schlosserei«. In: Kölner Stadt-Anzeiger, 26.11.1986.

Bartsch, Kurt: »Kafka come stimolo degli autori contemporanei. (Con riferimento a testi di Gisela Elsner, Ria Endres e Eckhard Henscheid)«. In: »Kafka oggi. A cura di Giuseppe Farese«. Bari (Adriatica editrica) 1986 (XI), S. 11–21. (Zu: »Roßmann«).

Lichti, Herbert / Henscheid, Eckhard: »Erläuterungen und kleiner Kommentar zu Eckhard Henscheids Roman-Trilogie ›Die Vollidioten‹ ›Geht in Ordnung – sowieso – – genau – – –‹ ›Die Mätresse des Bischofs‹«. Frankfurt/M. (Zweitausendeins) 1986.

Gätke, Ralph: »Eckhard Henscheid: DieTrilogie des laufenden Schwachsinns«. In: ders.: »Schöne Helden. Literarische Portraits«. Oldenburg (Bibliotheks- und Informationssystem der Universität Oldenburg) 1986, S. 11–19.

Hangartner, Urs: »Kanzler Kohl: Von der Wiege bis zur Wende«. In: Luzerner Neuste Nachrichten, 10.1.1987.

Steuhl, Wolfgang: »Meister der kleinen Form. Gesammelte Kommentare von Eckhard Henscheid und F.W. Bernstein«. In: Landshuter Zeitung, 10.12.1987. (Zu: »TV-Zombies« und »Sudelblätter«).

Steuhl, Wolfgang: »Auf den Spuren der ›TV-Zombies‹. Spaßiges Buch über Lembke, Kulenkampff, Löwenthal und Co.«. In: Darmstädter Echo, 27.12.1987.

»Die Neue Frankfurter Schule. ›Die schärfsten Kritiker der Elche waren früher selber welche!‹ 25 Jahre Scherz, Satire und schiefere Bedeutung aus Frankfurt am Main von F.W. Bernstein – Bernd Eilert – Robert Gernhardt – Eckhard Henscheid – Peter Knorr – Chodwig Poth – Hans Traxler – Friedrich Karl Waechter«. Hg. von WP Fahrenberg in Zusammenarbeit mit Armin Klein. Göttingen (Arkana) 1987. (Zahlreiche Beiträge von und über die Neue Frankfurter Schule; u.a. »Soweit wir uns erinnern... Kleine Zeittafel der Neuen Frankfurter Schule«. S. 548–554).

Eilert, Bernd: »Henscheid, Eckhard«. In: »Lexikon der deutschsprachigen Gegenwartsliteratur«. Begründet von Hermann Kunisch (...). München (Nymphenburger), 2. erweiterte und aktualisierte Auflage 1987, S. 235 f.

Clausen, Bettina: »Ideomotorische Vita Nova. Arbeit, Technik und das Paradies in Romanen Eckhard Henscheids«. In: Segeberg, Harro (Hg.): »Technik in der Literatur. Ein Forschungsüberblick und zwölf Aufsätze.« Frankfurt/M. (Suhrkamp) 1987, S. 483–512. (Vor allem über »Die Mätresse«).

fi. (Jürgen Fischer): »Grandes Petitessen«. In: Die Wochenzeitung (Zürich), 29.1.1988. (Zu: »Sudelblätter«).

Thl (Thomas Laux): »Eckhard Henscheid. Sudelblätter«. In: PinBoard, Jan. 1988. Nr. 1.

Beer, Monika: »›TV-Zombies‹ von Henscheid und Bernstein: Bresser & Herles als das ›Traumpaar‹«. In: Amberger Zeitung, 16.2.1988.

Meuchel, Erich: »Herr der Adjektive. Eckhard Henscheids neueste Sudelblätter«. In: Falter (Wien), 19.2. – 25.2.1988.

Schader, Angela: »›Wahrhaft gut ist man nur aus Bosheit‹. Satirische Texte von Eckhard Henscheid und F.W. Bernstein«. In: Neue Zürcher Zeitung, 20./21.2.1988. (Zu: »TV-Zombies« und »Sudelblätter«).

Hage, Volker: »Notate und Notizen – von Achternbusch bis Wühr. Ich – das Zentrum der Welt«. In: Die Zeit, 26.2.1988. (Zu: »Sudelblätter«).

Zahl, Volker A.: »Eckhard Henscheid. Sudelblätter«. In: Kölner Illustrierte, Feb. 1988. Nr. 2.

HarKe: »Lob der Sudelei«. In: Stadtblatt Osnabrück, Feb. 1988.

Mohler, Armin: »Scribifax. ›Und i muaß etz gleich spei'm.‹ Zu den ›Sudelblättern‹ von Eckhard Henscheid«. In: Criticón 106, März/Apr. 1988, S. 84 f.

Heyl, Julian v.: »Neue Frankfurter Schule. Kritiker der Elche«. In: Marabo, Mai 1988. (Zu: »Wir standen«).

Riha, Karl: »›Dichter heute: zu 51% Scheißesammler‹. Zu Eckhard Henscheids ›Sudelblättern‹ – voilà!«. In: Frankfurter Rundschau, 7.6.1988.

Hurton, Andrea: »Dribbling mit Sprachbällen. Eckhard Henscheid am Leder«. In: Falter (Wien), 10.–16.6.1988. (Zu: »Standardsituationen«).

Uthmann, Jörg v.: »Lustige Leichen. Nachrufe von Eckhard Henscheid und aus anderer Feder«. In: Frankfurter Allgemeine Zeitung, 5.7.1988. (Zu: »Wir standen«).

Gerbert, Frank: »Fußball-Yuppies«. In: Schwäbische Zeitung, 17.7.1988. (Zu: »Standardsituationen«).

anonym (Dieter Steinmann): »Dichterwort zum Sport. Literatur«. In: Pavillon, Juli–Aug. 1988. Nr. 7. (Zu: »Standardsituationen«).

Schader, Angela: »Die Kunst der Miniatur. Eckhard Henscheids Idylle ›Maria Schnee‹«. In: Neue Zürcher Zeitung, 30.11.1988.

Fischer, Jürg(en): »Des Satirikers Top-Verwirr-Novelle«. In: Die Wochenzeitung (Zürich), 2.12.1988. (Zu: »Maria Schnee«).

Modick, Klaus: »Beobachter einer bedrohten Welt: Eckhard Henscheids poetische Rekonstruktion der romantischen Empfindung. Welttheater in der Provinzkneipe«. In: Rheinischer Merkur / Christ und Welt, 2.12.1988. (Zu: »Maria Schnee«).

Noack, Bernd: »In der falschen Idylle. Enttäuschung über Eckhard Henscheid: ›Maria Schnee‹ als sprachliche Fingerübung«. In: Nürnberger Nachrichten, 3.12.1988.

jfi: »Was lange gärt«. In: Herr Schmidt mit Pupille (Würzburg), Dez. 1988. (Zu: »Maria Schnee«).

Seibt, Gustav: »Der Wahrnehmungserotiker. ›Maria Schnee‹ – eine Idylle des mißverstan-

## Auswahlbibliographie

denen Eckhard Henscheid«. In: Frankfurter Allgemeine Zeitung (Beilage), 18.2.1989.

Maar, Michael: »Heimatdichtung. Ist ›Marie (sic!) Schnee‹ henscheidesk?« In: plärrer, Feb. 1989.

Piwitt, Hermann Peter: »Kleines Feuilleton«. In: Konkret, Feb. 1989. (Zu: »Maria Schnee«).

Böhmer, Otto A.: »Henscheids Sommertagstraum«. In: Die Zeit, 3.3.1989. (Zu: »Maria Schnee«).

Schaefer, Thomas: »Beim Henscheid am Lesen... Vom Fernseh und dem Verfall der Familie«. In: Göttinger Woche, 10.3.1989. (Zu: »Zerwirrnis-Trilogie«).

Kronauer, Brigitte: »Entzückungskraft der Welt. Eckhard Henscheids diskrete Idylle ›Maria Schnee‹ ist nichts für ungeduldige Fazitleser«. In: Frankfurter Rundschau, 18.3.1989.

Maar, Michael: »Eine zweite, eine wiedergewonnene Schlichtheit. Eckhard Henscheids Idylle ›Maria Schnee‹«. In: Merkur. Deutsche Zeitschrift für europäisches Denken, Mai 1989. Nr. 483, S. 439–443.

Herles, Wolfgang: »Poetischer Gärtner der Blumen des Schwachsinns. Skizzen zu einem (Selbst-)Portrait des deutschen Dichters Eckhard Henscheid«. In: Der Standard, 24./25.6.1989.

Möller, Kerstin: »Grauslich, was die Kritiker verzapfen. Eckhard Henscheid über Rezensenten, Leser und sich selbst«. In: Nürnberger Nachrichten, 8./9.7.1989.

Back, Manfred: »Zug ins Wunderbare. Eckhard Henscheid: Maria Schnee«. In: andere zeitung (Frankfurt), Juli 1989.

Freyburger, Jörg: »Die Neue Frankfurter Schule. Lesezeichen. Eckhard Henscheids ›Maria Schnee‹«. In: Zitty (Berlin), Juli 1989. Nr. 15, S. 180 f.

Maar, Michael: »Vor Gudrun und vor Gott. Eckhard Henscheids Erzählband ›Die drei Müllersöhne (sic!)‹«. In: Frankfurter Allgemeine Zeitung, 17.3.1990.

»Über Eckhard Henscheid. Rezensionen von ›Die Vollidioten‹ (1972) bis ›Maria Schnee‹ (1988)«, hg. v. Michael Matthias Schardt. Paderborn (Igel) 1990.

Modick, Klaus: »Trostloses Fremdgehen. Eckhard Henscheids Märchen und Erzählungen«. In: Die Zeit, 4.5.1990.

Notizen

*Eckhard Henscheid* wurde am 14.9.1941 als Sohn eines Bundesbahnbeamten in Amberg geboren. Von 1951 bis 1960 besuchte er die dortige Oberrealschule; seit 1960 studierte er in München Germanistik und Zeitungswissenschaft; 1967 schloß er sein Studium mit einer Arbeit über Gottfried Keller als Magister Artium ab. Im Oktober 1969 trat er der Frankfurter Redaktion der damaligen satirischen deutschen Monatszeitschrift »pardon« bei. Seit 1971 arbeitete er sowohl für »pardon« als auch für zahlreiche Rundfunkanstalten und Zeitungen bzw. Zeitschriften als freier Mitarbeiter (u.a. Frankfurter Rundschau, Frankfurter Allgemeine Zeitung, Die Zeit, Die Welt, IG Metall-Zeitung, Capital, Merkur, Rheinischer Merkur, Pflasterstrand, Weltwoche, konkret, Playboy, Lui, Stuttgarter Zeitung, Szene-Hamburg, Der Rabe, die horen, Deutsches Allgemeines Sonntagsblatt). Henscheid setzt seine vielfältige, besonders satirische journalistische Tätigkeit bis heute fort.

1979 war er Gründungsmitglied und seither Mitarbeiter der neuen in Frankfurt erscheinenden satirischen Monatszeitschrift »Titanic« (zu deren Umfeld die sogenannte Neue Frankfurter Schule gehört, also neben Henscheid vor allem Robert Gernhardt, Bernd Eilert, F.W. Bernstein u.a.)

Henscheids Bücher erschienen zunächst überwiegend im Versand-Verlag Zweitausendeins; seit 1981/82 dann im neu gegründeten Haffmans Verlag in Zürich.

Eckhard Henscheid lebt heute alternierend in Frankfurt/Main und in seiner Heimatstadt Amberg. Er ist seit 1981 verheiratet.

*

*Michael Brucker*, geboren 1958; Studium der Neueren deutschen Literaturwissenschaft und Philosophie in Tübingen. Veröffentlichungen zu Nietzsche, Hesse, Novalis, Henscheid, Grass.

*Manfred Dierks*, geboren 1936; Professor für Neuere deutsche Literaturwissenschaft an der Universität Oldenburg. Bücher über Thomas Mann, soziolinguistische Grundfragen (mit H. Zander), zum literarischen Schaffensprozeß (am Beispiel Walter Kempowskis); Editionen zur Gegenwartsliteratur: »Literatur im Kreienhoop« (4 Bde.), »Adolf Muschg«; Rundfunk- und Fernseharbeiten.

*Ralph Gätke*, geboren 1949; Studium der Germanistik und Anglistik in Hannover und Bristol; Bibliothekar an der Universitätsbibliothek Oldenburg. Veröffentlichungen: u.a. »Schöne Helden. Literarische Portraits« (Henscheid, Gernhardt, Čechov, Leonard Michaels, Arno Schmidt, Italo Svevo, Daniil Charms, Evelyn Waugh, Flann O'Brien) ²1988.

*Bernd Eilert*, geboren 1949; lebt seit 1970 in Frankfurt/M.; arbeitet für Funk, Fernsehen, Film und diverse Zeitschriften, regelmäßig für »Titanic« (seit 1979) und gemeinsam mit Robert Gernhardt und Peter Knorr für Otto Waalkes (seit 1975). Zuletzt erschienene Bücher: »Das aboriginale Horoskop« (1983); »Das Hausbuch der Hochkomik« (1987); »Eingebildete Notwehr« (1989); »Die 701 peinlichsten Persönlichkeiten« (1990).

*Brigitte Kronauer* geboren 1940; lebt als freie Schriftstellerin in Hamburg. Veröffentlichungen: zuletzt »Berittener Bogenschütze« (1986), »Aufsätze zur Literatur« (1987). Im Herbst 1990 erscheint der Roman »Die Frau in den Kissen«.

*Michael Maar*, geboren 1960; lebt in Bamberg. Veröffentlichungen über Thomas Mann im »Literaturwissenschaftlichen Jahrbuch«, über Eckhard Henscheid im »Merkur«; Rezensionen für die Frankfurter Allgemeine Zeitung.

*Frauke Meyer-Gosau*, geboren 1950; lebt in Berlin. Veröffentlichungen: »Bildlose Zukunft – verlorene Geschichte. Die Ankunftsliteratur zwischen 1961 und 1964 in exemplarischen Studien« (1980); Aufsätze u.a. über: feministische Romantikrezeption, Christa Wolf, Uwe Johnson, Ingeborg Bachmann, Erwin Strittmatter, das Verhältnis von Geschichtserfahrung und literarischer Produktion in der DDR, Rezeption der DDR-Literatur in der Bundesrepublik.

*Klaus Modick*, geboren 1951; lebt als Schriftsteller und Kritiker in der Nähe Oldenburgs. Publikationen u.a.: »Moos« (1984); »Ins Blaue« (1985); »Das Grau der Karolinen« (1986); »Das Stellen der Schrift« (1988); »Weg war weg« (1988); »Privatvorstellung« (1989). *Redaktionelle Mitarbeit an diesem Heft.*

*Walter Olma*, geboren 1954; Studium der Germanistik, Philosophie und Erziehungswissenschaften; Wissenschaftlicher Mitarbeiter am Fachbereich Germanistik der Universität Paderborn; Anhänger von Borussia Dortmund und des SV 21 Büren. Publikationen: einige Aufsätze und Artikel v.a. zur deutschen Gegenwartsliteratur.

*Hermann Peter Piwitt*, geboren 1935; Studium der Soziologie und Philosophie in Frankfurt/M. und Berlin, u.a. bei Theodor W. Adorno. In jungen Jahren Veröffentlichungen in fast allen großen bürgerlichen Zeitungen und Zeitschriften; heute nur noch ständiger Mitarbeiter der linken Monatszeitschrift »konkret«. Mitglied des PEN-Club. Veröffentlichungen u.a.: die Romane »Rothschilds«, »Die Gärten im März«, zuletzt »Der Granatapfel«, eine fiktive Autobiographie nach Motiven aus dem Leben des italienischen Kriegs- und Frauenhelden, Dichters und Frühfaschisten Gabriele d'Annunzio; sowie die Essaybände »Das Bein des Bergmanns Wu«, »Boccherini und andere Bürgerpflichten« und »Die Umsegelung des Kap Hoorn durch das Vollschiff ›Susanne‹ 1909 in 52 Tagen«.

*Michael Matthias Schardt*, geboren 1954; Studium der Wirtschaftswissenschaften in Siegen, der Germanistik, Philosophie, Geschichte und Theologie in Bielefeld und Paderborn; Wissenschaftlicher Mitarbeiter am Germanistischen Seminar der Universität Paderborn. Veröffentlichungen: »Spiegelungen« (Mitautor, 1980); »Bibliographie Arno Schmidt 1979–(7)1985« (1985); »Arno Schmidt. Das Frühwerk I–III Interpretationen« (Hg., 1987–89); »Paul Scheerbart: Na Prost! Phantastischer Königsroman« (Hg., 1987); »Paul Scheerbart: Ich liebe Dich! Ein Eisenbahnroman mit 66 Intermezzos« (Hg., 1988); »Paul Scheerbart: ›Ja..was..möchten wir nicht Alles!‹ Ein Wunderfabelbuch« (Mithg., 1988); »Paul Scheerbart: Katerpoesie, Mopsiade und andere Gedichte« (Hg., 1990); »Stanislaw Przybyszewski: De profundis und andere Erzählungen« (Mithg., 1990); »Karl Spindler: Der Jesuit« (3 Bde., Hg., 1990); »Arno Schmidt: Leben – Werk – Wirkung« (Mithg., 1990).

*Jürgen Wehnert*, geboren 1952; Theologe und Germanist. Lebt in Rosdorf bei Göttingen.

*Dieter E. Zimmer*, geboren 1934; Studium der Germanistik und Anglistik an der Freien Universität Berlin, der Universität Münster, der Northwestern University (Evanston, Illinois) und der Universität Genf; Master of Arts 1957 (Northwestern University). Seit 1959 Redakteur der Wochenzeitung »Die Zeit« in Hamburg, bis 1977 im Feuilleton, seit 1977 als ressortfreier Autor. Veröffentlichungen: neben zahlreichen Herausgaben und Übersetzungen (u.a. Nabokov, Joyce, Borges) »Ein Medium kommt auf die Welt« (1970); »Der Streit um die Intelligenz« (1975); »Ich möchte lieber nicht, sagte Bartleby« (1978); »Unsere erste Natur« (1979); »Der Mythos der Gleichheit« (1980); »Die Vernunft der Gefühle« (1981); »Hühner« (1983); »(Wenn wir) Schlafen und Träumen« (1984, 1986); »Redens Arten« (1986); »So kommt der Mensch zur Sprache« (1986); »Tiefenschwindel« (1986, 1990); »Experimente des Lebens« (1989); »Die Elektrifizierung der Sprache« (1990). Preise: Friedrich-Perthes-Preis (1964), Theodor-Wolff-Preis (1968), Preis für Wissenschaftspublizistik der Deutschen Gesellschaft für Psychologie (1982), Wang-Journalistenpreis (1986), Medienpreis für Sprachkultur der Gesellschaft für deutsche Sprache (1990).

•

Das Foto auf S. 48 machte *Wolfgang Sander*, die Karikatur auf S. 83 zeichnete *Achim Greser*.

# ECKHARD HENSCHEID
## IM HAFFMANS VERLAG

**DA LACHT DAS RUNDE LEDER**
Sämtliche Fußball-Anekdoten

**DOLCE MADONNA BIONDA**
Roman

**DIE DREI MÜLLERSSÖHNE**
Märchen und Erzählungen

**FRANZ KAFKA VERFILMT SEINEN ›LANDARZT‹**
Eine Geschichte

**FRAU KILLERMANN GREIFT EIN**
Erzählungen und Bagatellen

**HELMUT KOHL**
Biographie einer Jugend

**HOCH LEBE ERZBISCHOF PAUL CASIMIR MARCINKUS!**
Ausgewählte Satiren und Glossen

**KLEINE TRILOGIE DER GROSSEN ZERWIRRNIS**
1) Beim Fressen beim Fernsehen fällt der Vater dem Kartoffel aus dem Maul
2) Der Neger (Negerl)
3) Wir standen an offenen Gräbern

**MARIA SCHNEE**
Eine Idylle

**ROSSMANN, ROSSMANN...**
Drei Kafka-Geschichten

**STANDARDSITUATIONEN**
Fußball-Dramen

**SUDELBLÄTTER**
Aufzeichnungen

**TV-ZOMBIES**
Bilder und Charaktere (zusammen mit F.W. Bernstein)

**WAS IST EIGENTLICH DER HERR ENGHOLM FÜR EINER?**
Ausgewählte Satiren und Glossen

**WIE MAX HORKHEIMER EINMAL SOGAR ADORNO HEREINLEGTE**
Anekdoten über Fußball, Kritische Theorie, Hegel und Schach

**WIR STANDEN AN OFFENEN GRÄBERN**
120 Nachrufe

**DIE WURSTZURÜCKGEHLASSERIN**
Sieben Erzählungen

BÜCHER-RABE VON NIKOLAUS HEIDELBACH

# Bargfelder Bote
## Sonderlieferungen

Rudi Schweikert

**Arno Schmidts Lauban
Die Stadt und der Kreis
Bilder und Daten**

106 Seiten, ca. 120 Abb.,
DM 49,--

Lauban in Schlesien bildete für knapp ein Jahrzehnt den äußeren Lebenskreis Arno Schmidts während einer Zeit, die ihn entscheidend prägte. Eindrücke, die er hier im Alter von 15 bis 24 Jahren empfangen hatte, fanden ihren Niederschlag in seinem gesamten Werk. Im vorliegenden Band sind, soweit möglich, alle Erwähnungen und Anspielungen Arno Schmidts bildlich dokumentiert, die Lauban und Umkreis zum Gegenstand haben. Aus entlegenen Quellen, Büchern, Archiven und Privatsammlungen, zusammengetragen, vermitteln die Pläne, Skizzen und Bilder eine konkrete sinnliche Vorstellung von Lauban in den zwanziger und dreißiger Jahren.

Friedhelm Rathjen

**Reziproke Radien
Arno Schmidt
und Samuel Beckett**

etwa 90 Seiten,
ca. DM 25,--

Arno Schmidt und Samuel Beckett: diese Paarung mag zunächst verblüffen. Schmidt selbst hat die »Krampfhenne« Beckett mit abfälligen Bemerkungen bedacht, die von seinen Lesern oft übernommen wurden, und die Verschiedenartigkeit beider Autoren ist offensichtlich: hier der allmächtige Prosakonstrukteur Schmidt, dort der Reduktionist Beckett, der das Scheitern des Künstlers als seine einzige Welt ansieht. Der genauere Blick fördert jedoch tiefgreifende Parallelen zutage, die von den Spiegelbildern des solipsistischen Künstler-Ichs bis zu den Funktionen seiner Reibung mit der Materialität der Außenwelt reichen. Der Band spürt solchen Parallelen nach.

Verlag edition text + kritik GmbH
Levelingstr. 6a, 8000 München 80

Der IGEL Verlag
gratuliert dem Autor
zum 49. Geburtstag mit

**ÜBER**
# Eckhard Henscheid

Rezensionen von 1972—1989
ca. 220 S., ca. 36,—

Erscheint Sept. 1990

Bis 30.9.90 sparen private Vorbesteller 15%.

---

Im Mai 1990 erschien im Igel Verlag
Band 1 der 9bändigen Studienedition
der Werke von

## Stanislaw Przybyszewski
(1868—1927)

### De profundis
**und andere Erzählungen**

212 S., geb., 36,— (= Igels dekadente Reihe 1)

Max Becker: „S. Przybyszewski war vielleicht der dekadenteste Dichter der dekadenten Epoche."

Private Subskribenten der Werkedition sparen 15%

# IGEL VERLAG LITERATUR
Brüderstraße 30 · 4790 Paderborn · Tel. 0 52 51-7 28 79

# Literaturstadt Hamburg

*Liebe, die im Abgrund Anker wirft*
Hans Friedrich Blunck
Wolfgang Borchert
Willi Bredel
Ida Dehmel
Axel Eggebrecht
Hubert Fichte
Gorch Fock
Albert Hotopp
Hans Henny Jahnn
Peter Martin Lampel
Heinz Liepmann
Hans Erich Nossack
Werner Riegel
Peter Rühmkorf
Emil Sandt
Johanna Wolff

*Hamburg als literarisches Feld im 20. Jahrhundert*

Herausgegeben von Inge Stephan und Hans-Gerd Winter

**Argument**

## *Liebe, die im Abgrund Anker wirft*
Autoren und literarisches Feld im Hamburg des 20. Jahrhunderts
Hg. von Inge Stephan und Hans-Gerd Winter
Literatur im historischen Prozeß
ca. 320 S., ca. 27 Abb., DM 34,–

Hans Henny Jahnn schreibt über die Beziehung Hamburger Autoren zu ihrer Stadt: »Die Besseren unter uns leiden an der Krankheit, daß sie hier ihrer Liebe verhaftet sind. Sie können nicht los von dieser Stadt, von diesem Strom. Und sie fühlen doch ihre Ohnmacht angesichts des gewaltigen Verkehrs, der Industrie, der Menschenmassen ...«

Jahnn reiht sich damit einerseits in die Reihe der Klagenden über die musenfeindliche Handelsmetropole ein — wie schon Lessing —, andererseits signalisiert das Zitat auch eine Anziehung, ja mit aller Ambivalenz ein Liebesverhältnis.

Das Buch — mit einer Gedichtzeile des Hamburger Lyrikers Peter Rühmkorf betitel — dokumentiert, wie Autorinnen und Autoren durch ihre Biographie mit der Großstadt an der Elbe verbunden sind, wie sie diese Verbindung in ihren Werken thematisieren, und auf welche Weise sie als Künstler das literarische Leben der Stadt geprägt haben.

Die Aufsätze gelten bekannten Autoren (u.a. Bredel, Borchert, Fichte, Jahnn, Nossack und Rühmkorf), aber auch vergessenen wie Ida Dehmel, Albert Hotopp, Peter Martin Lampel, Emil Sandt und Johanna Wolf.

Zugleich werden erstmals wichtige Teilbereiche und Institutionen des Hamburger literarischen Feldes vorgestellt, wie z.B. das literarische Nachtprogramm des NWDR nach 1945 und die »Freie Akademie der Künste«. In die Untersuchungen einbezogen sind besonders die Brüche in der historischen Entwicklung (1918, 1933, 1945) mit ihren jeweiligen Vor- und Nachwirkungen. Nur unzureichend bekannt ist, daß Hamburg Zentrum einer Bodenständigkeit verklärenden, nationalistischen Literatur gewesen ist. Andererseits schreibt gerade hier Willi Bredel seine ersten einflußreichen proletarisch-revolutionären Romane.

Die Herausgeber, Inge Stephan und Hans-Gerd Winter, lehren am Literaturwissenschaftlichen Seminar der Universität Hamburg.

# Argument

Rentzelstraße 1  2000 Hamburg 13

*30 Jahre Argument*

# Literatur der Welt im KL*f*G

Heinz Ludwig Arnold (Hg.)

**Kritisches Lexikon zur fremdsprachigen Gegenwartsliteratur – KL*f*G –**

Loseblattwerk
ca. 4600 Seiten, DM 218,--
In fünf Ordnern

Das KL*f*G informiert fortlaufend und ergänzend über Biographie, Werk und Wirkung jener fremdsprachigen Schriftsteller, die das Bild der zeitgenössischen Literatur ihres Sprach- und Kulturraums prägen und deren Werk ganz oder in wesentlichen Teilen in deutscher Übersetzung vorliegt. Die Artikel des KL*f*G werden nicht nur aus den deutschen Übersetzungen, sondern immer auf der Grundlage des originalsprachigen Gesamtwerks und in Kenntnis seiner besonderen historischen, gesellschaftlichen und kulturellen Bedingungen und Zusammenhänge erarbeitet – nur so kann ein sinnvolles Verständnis gerade auch für außereuropäische Literaturen und ihre Schriftsteller vermittelt werden. In den umfassenden Werkverzeichnissen sind alle Originalausgaben und alle Übersetzungen erfaßt. Überblicksaufsätze informieren über die verschiedenen Literaturen der fünf Kontinente.

Die Artikel des KL*f*G machen Zusammenhänge zugänglich, aus denen heraus die Lektüre auch einzelner Bücher fremdsprachiger Autoren erleichtert wird. In diesem Sinne versteht sich das KL*f*G als Nachschlagewerk *und* Leselexikon.

**Verlag edition text + kritik GmbH
Levelingstraße 6a, 8000 München 80**

# NEU BEI PETER LANG

## literatur für leser

Herausgegeben von Herbert Kaiser, Dieter Mayer, Maximilian Nutz, Bernhard Spies

Auch wenn die professionelle Befassung mit Literatur manchmal diesen Anschein erweckt: Die Bedeutung der Literatur fällt nicht mit den Belegen zusammen, die vorformulierte Theorien ihr abgewinnen können. Auch wenn es wahr ist, daß literarische Texte stets aus historischen Zusammenhängen heraus entstehen und immer unter dem Blickwinkel aktueller Verwendungszusammenhänge verstanden wird: In die Kontexte, in denen sie geschrieben und gelesen wird, löst sie sich nicht auf. Auch wenn Nationalliteraturen sich unterscheiden: Ihre Grenzen sind Aufforderungen, sie zu überwinden.

*literatur für leser* versteht sich nicht als Organ einer festgelegten literaturwissenschaftlichen Richtung, weder einer neuen noch einer bereits etablierten. Der Anspruch der Herausgeber erstreckt sich auch nicht darauf, den "Stand" des Faches repräsentieren, geschweige denn ihn autoritativ festlegen zu wollen. Einen Anspruch haben sie freilich schon. Wissenschaftlich ausgewiesenes Interpretieren steht, ob es sich darüber Rechenschaft ablegt oder nicht, in Diskussionszusammenhängen. Die Arbeiten, die Literatur für Leser der Öffentlichkeit zugänglich macht, sollen geeignet sein, in Diskussionen einzugreifen oder solche anzuregen. In diesem Sinne werden die Herausgeber Beiträge sammeln und ein Forum zu Auseinandersetzung bereitstellen, aber auch von sich aus solche Befassung mit Literatur themenzentriert anregen und die Resultate - wie bisher schon in Themenheften dokumentieren. In beiden Fällen ist es ihnen darum zu tun, Vorschläge für ästhetisch sensible und historisch erhellende Befassung mit Literatur zu verbreiten , und, wenn es hochkommt, einen Beitrag zur Widerbelebung der Kultur literarisch-wissenschaftlicher Diskussion zu leisten. Um mehr nicht, aber auch nicht um weniger.

*Redaktion*: Bernhard Spies
*Erscheinungsjahr*: viermal jährlich, im März, Juni September, Dezember.
Der Abonnentenpreis beträgt sFr. 54.--/DM 56,80, ermäßigtes Abonnement für Studenten DM 49,80
Einzelheft sFr. 16.--/DM 16,80
Die Preise verstehen sich zuzüglich Porto und Verpackung. Preisänderungen sind ausdrücklich vorbehalten.
Umfang der Zeitschrift ungefähr 60 Seiten.

Verlag Peter Lang  Frankfurt a.M. · Bern · New York ·Paris
Auslieferung: Verlag Peter Lang AG, Jupiterstr. 15, CH-3000 Bern 15
Telefon (004131) 321122, Telex pela ch 912 651, Telefax (004131) 321131

# Neuerscheinungen

KLAUS L. BERGHAHN –
REINHOLD GRIMM (Hrsg.)
**Utopian Vision**
Technological Innovation, and Poetic
Imagination
1990. 134 Seiten mit 4 Abbildungen.
Kartoniert DM 28,–. Leinen DM 40,–
(Reihe Siegen. Beiträge zur Literatur-, Sprach-
und Medienwissenschaft, Band 91)

CLAUS DAUFENBACH
**Ästhetizismus und Moderne**
Studien zu William Faulkners früher Prosa
1990. 191 Seiten. Kartoniert DM 75,–.
Leinen DM 100,–
(Britannica et Americana. Dritte Folge, Band 11)

MICHAEL FELDT
**Lyrik als Erlebnislyrik**
Zur Geschichte eines Literatur- und
Mentalitätstypus zwischen 1600 und 1900
1990. 531 Seiten. Kartoniert DM 110,–.
Leinen DM 140,–
(Reihe Siegen. Beiträge zur Literatur-, Sprach-
und Medienwissenschaft, Band 87)

PETER GENDOLLA – CARSTEN ZELLE
(Hrsg.)
**Schönheit und Schrecken**
Entsetzen, Gewalt und Tod in alten und neuen
Medien
1990. 239 Seiten mit 11 Abbildungen.
Kartoniert DM 48,–. Leinen DM 75,–.
(Reihe Siegen. Beiträge zur Literatur-, Sprach-
und Medienwissenschaft, Band 72)

IRENE HEIDELBERGER-LEONARD
(Hrsg.)
**Über Jean Améry**
1990. 130 Seiten, 1 Frontispiz. Kartoniert DM 24,–
(Beiträge zur neueren Literaturgeschichte.
Dritte Folge, Band 102)

ANDREAS HUBER
**Mythos und Utopie**
Eine Studie zur Ästhetik des Widerstands von
Peter Weiss
1990. 416 S., Kart. ca. DM 100,–. Ln. ca. DM 130,–
(Reihe Siegen. Beiträge zur Literatur-,
Sprach- und Medienwissenschaft, Band 96)

SOICHIRO ITODA
**Theorie und Praxis des literarischen
Theaters bei Karl Leberecht Immer-
mann in Düsseldorf 1834–1837**
1990. VI, 217 Seiten. Kartoniert DM 56,–.
Leinen DM 80,–
(Reihe Siegen. Beiträge zur Literatur-, Sprach-
und Medienwissenschaft, Band 93)

KASPAR KASICS
**Literatur und Fiktion**
Zur Theorie und Geschichte der literarischen
Kommunikation
1990. 163 Seiten. Kartoniert DM 48,–.
Leinen DM 74,–
(Reihe Siegen. Beiträge zur Literatur-, Sprach-
und Medienwissenschaft, Band 94)

BRIGITTE PICHON-KALAU v. HOFE
**Krisen: Kontrollen und
Kontingenzen**
Nathanael West und die dreißiger Jahre
1990. IV, 240 S., Kart. DM 58,–. Ln. DM 84,–
(Reihe Siegen. Beiträge zur Literatur-, Sprach-
und Medienwissenschaft, Band 97)

PETER WENZEL
**Von der Struktur des Witzes zum
Witz der Struktur**
Untersuchungen zur Pointierung in Witz und
Kurzgeschichte
1989. 291 Seiten. Kartoniert DM 86,–.
Leinen DM 112,–
(Anglistische Forschungen / 198)

**CARL WINTER · UNIVERSITÄTSVERLAG · HEIDELBERG**

# NEUE AUTOREN IM HAFFMANS VERLAG

Julian Barnes – Uli Becker – F.W. Bernstein – Valentin Braitenberg – Anthony Burgess – Philip K. Dick – Hugo Dittberner – Norbert Eberlein – Bernd Eilert – Frieder Faist – Robert Gernhardt – Peter Greenaway – Gisbert Haefs – Eckhard Henscheid – Wolfgang Hildesheimer – Geoffrey Household – Norbert Johannimloh – Richard Kähler – Dan Kavanagh – Egbert Kimm – Hermann Kinder – Hanns Kneifel – Conny Lens – Axel Marquardt – Gerhard Mensching – Klaus Modick – Wolf v. Niebelschütz – Flann O'Brien – Dorothy Parker – Hans Pleschinski – Gerhard Polt & Hanns Christian Müller – Walter E. Richartz – Werner Riegel – Peter Rühmkorf – Michael Rutschky – Arno Schmidt – Uve Schmidt – Karla Schneider – Margit Schreiner – Fritz Senn – Christof Stählin – Rainer Stephan – Al Strong – Achim Szymanski – Hella-Dore Tietjen – Reinhard Umbach – Joseph v. Westphalen – Ror Wolf – Uwe Wolff – Hans Wollschläger – Dieter E. Zimmer

# GERMANISTIK
## BEI
# IUDICIUM

Horst Steinmetz
**Literatur und Geschichte**
Vier Versuche
ISBN 3-89129-212-0 • 142 S. • DM 28,-

Norbert Mecklenburg
**Die grünen Inseln**
Zur Kritik des literarischen Heimatkomplexes
ISBN 3-89129-014-4 • 327 S. • DM 52,-

Helfried W. Seliger (Hrsg.)
**Der Begriff »Heimat« in der deutschen Gegenwartsliteratur**
The Concept of »Heimat« in Contemporary German Literature
ISBN 3-89129-017-9 • 242 S. • DM 47,80

Karl-Heinz Göttert
**Kommunikationsideale**
Untersuchungen zur europäischen Konversationstheorie
ISBN 3-89129-211-2 • 276 S. • DM 56,-

Bernd Balzer / Horst Denkler / Hartmut Eggert / Günter Holtz
**Die deutschsprachige Literatur in der Bundesrepublik Deutschland**
Vorgeschichte und Entwicklungstendenzen
ISBN 3-89129-210-4 • 597 S. • DM 39,80

Reinhard Ammer
**Das Deutschlandbild in den Lehrwerken für Deutsch als Fremdsprache**
Die Gestaltung des landeskundlichen Inhalts in den Deutschlehrwerken der Bundesrepublik Deutschland von 1955 bis 1985 mit vergleichenden Betrachtungen zum Landesbild in den Lehrwerken der DDR
ISBN 3-89129-206-6 • 336 S. • DM 49,80

Christiane C. Günther
**Aufbruch nach Asien**
Kulturelle Fremde in der deutschen Literatur um 1900
ISBN 3-89129-016-0 • 332 S. • DM 56,-

Harro Gross
**Einführung in die germanistische Linguistik**
ISBN 3-89129-240-6 • 268 S. • DM 28,-

Eva-Maria Willkop
**Gliederungspartikeln im Dialog**
ISBN 3-89129-205-8 • 342 S. • DM 49,80

Maria Lieber / Jürgen Posset (Hrsg.)
**Texte schreiben im Germanistik-Studium**
ISBN 3-89129-107-8 • 530 S. • DM 68,-

**iudicium verlag**

Waldfriedhofstraße 60 • Postfach 70 10 67 • D–8000 München 70 • Telefon 089 / 71 87 47

# TEXT+KRITIK

## Die Reihe über Autoren

**Günter Grass**
(1) 6. Aufl.,
164 S., DM 28,–

**Hans Henny Jahnn**
(2/3) 3. Aufl.,
160 S., DM 15,–

**Georg Trakl**
(4/4a) 4. Aufl.,
123 S., DM 17,50

**Günter Eich**
(5) 3. Aufl.,
48 S., DM 8,–

**Ingeborg Bachmann**
z. Zt. vergriffen

**Andreas Gryphius**
(7/8) 2. Aufl.,
130 S., DM 15,–

**Politische Lyrik**
(9/9a) 3. Aufl.,
111 S., DM 14,50

**Hermann Hesse**
(10/11) 2. Aufl.,
132 S., DM 17,50

**Robert Walser**
(12/12a) 3 Aufl.,
85 S., DM 12,–

**Alfred Döblin**
(13/14) 4. Aufl.,
80 S., DM 8,80

**Henry James**
(15/16) vergriffen

**Cesare Pavese**
(17) vergriffen

**Heinrich Heine**
(18/19) 4. Aufl.,
203 S., DM 21,50

**Arno Schmidt**
(20/20a) 4. Aufl.,
221 S., DM 34,–

**Robert Musil**
(21/22) 2. Aufl.,
179 S., DM 22,–

**Nelly Sachs**
(23) 2. Aufl.,
60 S., DM 8,–

**Peter Handke**
(24) 5. Aufl.
151 S., DM 29,50

**Konkrete Poesie I**
(25) 3. Aufl.
47 S., DM 6,50

**Lessing contra Goeze**
(26/27) 2. Aufl.
81 S., DM 7,80

**Elias Canetti**
(28) 3. Aufl.
88 S., DM 13,50

**Kurt Tucholsky**
(29) 3. Aufl.,
103 S., DM 16,–

**Konkrete Poesie II**
(30) 2. Aufl.
55 S., DM 5,50

**Walter Benjamin**
(31/32) 2. Aufl.,
122 S., DM 14,–

**Heinrich Böll**
(33) 3. Aufl.
156 S., DM 18,50

**Wolfgang Koeppen**
(34) 60 S., DM 6,–

**Kurt Schwitters**
(35/36) 87 S., DM 8,80

**Peter Weiss**
(37) 2. Aufl.,
136 S., DM 17,50

**Anna Seghers**
(38) 2. Aufl.
149 S., DM 18,50

**Georg Lukács**
(39/40) 90 S., DM 9,80

**Martin Walser**
(41/42) 2. Aufl.,
117 S., DM 15,–

**Thomas Bernhard**
(43) 2. Aufl.
113 S., DM 13,50

**Gottfried Benn**
(44) 2. Aufl.
168 S., DM 22,50

**Max von der Grün**
(45) 53 S., DM 6,50

**Christa Wolf**
(46) 3. Aufl.
136 S., DM 19,50

**Max Frisch**
(47/48) 3. Aufl.
152 S., DM 17,50

**H. M. Enzensberger**
(49) 2. Aufl.
133 S., DM 18,50

**Friedrich Dürrenmatt I**
(50/51) 2. Aufl,
141 S., DM 15,–

**Siegfried Lenz**
(52) 2. Aufl.
88 S., DM 12,–

**Paul Celan**
(53/54) 2. Aufl.
152 S., DM 21,–

**Volker Braun**
(55) 65 S., DM 6,50

**Friedrich Dürrenmatt II**, 2. Aufl.
(56) 91 S., DM 14,–

**Franz Xaver Kroetz**
(57) 65 S., DM 8,–

# TEXT+KRITIK

## Die Reihe über Autoren

 Hochhuth
67 S., DM 8,-

 Wolfgang Bauer
(59) 53.S., DM 8,-

 Franz Mon
(60) 80 S., DM 9,80

 Alfred Andersch
(61/62) 125 S., DM 15,-

 Ital. Neorealismus
(63) 78 S., DM 9,80

 Marieluise Fleißer
(64) 95 S., DM 12,-

 Uwe Johnson
(65/66) 128 S., DM 15,-

  Erwin Kisch
63 S., DM 8,-

 Siegfried Kracauer
(68) 90 S., DM 12,-

 Helmut Heißenbüttel
(69/70) 126 S., DM 15,-

 Rolf Dieter Brinkmann
(71) 102 S., DM 13,50

 Hubert Fichte
(72) 118 S., DM 13,50

 Heiner Müller
(73) 97 S., DM 13,50

 Joh. Christian Günther
(74/75) 142 S., DM 18,50

 Weiß
88 S., DM 12,-

  Karl Krolow
(77) 95 S., DM 13,50

Walter Mehring
(78) 83 S., DM 12,50

 Lion Feuchtwanger
(79/80) 148 S., DM 18,50

 Botho Strauß
(81) 111 S., DM 14,50

 Erich Arendt
(82/83) 155 S., DM 19,50

 Friederike Mayröcker
(84) 98 S., DM 14,50

  xander Kluge
36) 166 S., DM 19,50

  Carl Sternheim
(87) 112 S., DM 15,50

 Dieter Wellershoff
(88) 116 S., DM 16,-

 Wolfgang Hildesheimer
(89/90) 141 S., DM 19,50

 Erich Fried
(91) 135 S., DM 18,50

 Hans/Jean Arp
(92) 119 S., DM 16,50

 Klaus Mann
(93/94) 141 S., DM 21,-

 Einstein
103 S., DM 15,50

  Ernst Meister
(96) 98 S., DM 16,-

 Peter Rühmkorf
(97) 94 S., DM 16,-

 Herbert Marcuse
(98) 123 S., DM 18,50

 Jean Améry
(99) 85 S., DM 15,50

 Über Literaturkritik
(100) 112 S., DM 16,50

 Sarah Kirsch
(101) 104 S., DM 17,50

 raven
) 100 S., DM 17,50

 Rainer Werner Fassbinder
(103) 102 S., DM 18,--

 Arnold Zweig
(104) 105 S., DM 18,--

 Ernst Jünger
(105/106) 167 S., DM 32,--

Eckhard Henscheid
(107) 96 S., DM 18,--

# TEXT+KRITIK

**Die Reihe über Autoren**

## Sonderbände

**Jean Paul**
3. Aufl.,
309 S., DM 36,-

**Heinrich Mann**
4. Aufl.,
180 S., DM 28,-

**Bertolt Brecht I**
2. Aufl.,
165 S., DM 14,50

**Bertolt Brecht II**
2. Aufl.,
228 S., DM 21,-

**Joseph Roth**
2. Aufl.,
166 S., DM 18,-

**Karl Kraus**
243 S., DM 19,50

**Thomas Mann**
2. Aufl.,
265 S., DM 32,-

**Theodor W. Adorno**
2. Aufl.,
196 S., DM 23,-

**Georg Büchner I/II**
2. Aufl.,
479 S., DM 42,-

**Die Gruppe 47**
2. Aufl.,
326 S., DM 42,-

**Friedrich Gottlieb Klopstock**
129 S., DM 17,50

**Georg Büchner III**
315 S., DM 36,-

**Johann Wolfgang von Goethe**
363 S., DM 42,-

**Martin Luther**
265 S., DM 35,-

**Ingeborg Bachmann**
217 S., DM 34,-

**Ernst Bloch**
305 S., DM 41,-

**Oskar Maria Graf**
224 S., DM 34,-

**Karl May**
299 S., DM 42,-

**Bestandsaufnahme Gegenwartsliteratur**
317 S., DM 38,--

**Theodor Fontane**
284 S., DM 42,--

**Die andere Sprache Neue DDR-Literatur der 80er Jahre**
258 S., DM 44,-